edition suhrkamp 2198

AF197808

Die erste abgeschlossene dramatische Arbeit, die der 15jährige Schüler Brecht 1913 schreibt, ist der Einakter *Die Bibel*, den er auch einem kleinen Publikum vorstellt: in der von ihm mitinitiierten Augsburger Schülerzeitschrift *Die Ernte*.

Nachdem er 1918/19 erste Fassungen seiner abendfüllenden Stücke *Baal* und *Trommeln in der Nacht* fertiggestellt hat, beschäftigen ihn im Herbst 1919 gleich sechs Stoffe, die er in den Einaktern *Die Hochzeit* (auch *Die Kleinbürgerhochzeit*), *Der Bettler oder Der tote Hund*, *Er treibt einen Teufel aus*, *Lux in tenebris*, *Der Fischzug* und *Prärie. Oper nach Hamsun* behandelt.

Im skandinavischen Exil thematisiert Brecht 1939 das Verhalten der Aufnahmeländer Dänemark und Schweden (Neutralitätspolitik gegenüber Deutschland) in den Einaktern *Dansen* und *Was kostet das Eisen?* Als die schwedische Schauspielerin Naima Wifstrand Anfang Januar 1940 in Stockholm eine private Schauspielschule eröffnet und sich für Helene Weigel die Möglichkeit ergibt, mit den Eleven praktische Übungen durchzuführen, schreibt Brecht für seine Frau mehrere Szenen nach klassischen Stücken, die er später seiner großangelegten (Fragment gebliebenen) theatertheoretischen Schrift *Der Messingkauf* als *Übungsstücke für Schauspieler* zuordnet.

Die Texte folgen der »Großen kommentierten Berliner und Frankfurter Ausgabe« der *Werke* Bertolt Brechts (Band 1, 5 und 22).

Bertolt Brecht
Die Hochzeit
und andere Einakter

Suhrkamp

Mit Anmerkungen versehen
von Wolfgang Jeske

4. Auflage 2013

Erste Auflage 2002
edition suhrkamp 2198
© Copyright für die vorliegende Auswahl:
Suhrkamp Verlag Frankfurt am Main 2002
Copyrightangaben zu den einzelnen Texten am Schluß des Bandes.
Alle Rechte vorbehalten, insbesondere das der Aufführung
durch Berufs- und Laienbühnen, des öffentlichen Vortrages,
der Verfilmung und Übertragung
durch Rundfunk und Fernsehen, auch einzelner Abschnitte.
Das Recht der Aufführung oder
Sendung ist nur vom Suhrkamp Verlag,
Pappelallee 78-79, 10437 Berlin, zu erwerben.
Den Bühnen gegenüber als Manuskript gedruckt.
Kein Teil des Werkes darf in irgendeiner Form
(durch Photographie, Mikrofilm, oder anderes Verfahren)
ohne schriftliche Genehmigung des Verlages reproduziert
oder unter Verwendung elektronischer Systeme
verarbeitet, vervielfältigt oder verbreitet werden.
Satz: Memminger MedienCentrum AG
Druck: Druckhaus Nomos, Sinzheim
Umschlag gestaltet nach einem Konzept
von Willy Fleckhaus: Rolf Staudt
Printed in Germany
ISBN 978-3-518-12198-6

Inhalt

Die Bibel

Drama in 1 Act von Bertold Eugen

Personen

Der Großvater · Der Vater, Bürgermeister
Das Mädchen
Der Bruder

Das Drama spielt in den Niederlanden, in einer von den Katholiken belagerten protestantischen Stadt.

ERSTE SZENE

Eine behagliche Wohnstube eines Hauses am Markt. Im Erker Spiegelfenster mit Blumensimsen. Am Tisch der Großvater lesend, im Erker das Mädchen. Ab und zu von ferne wirres Tosen.

GROSSVATER *laut und feierlich lesend:* Und um die neunte Stunde rief Jesus laut und sprach: »Mein Gott, mein Gott, warum hast du mich verlassen« und nach einer Weile spotteten die um ihn standen und sagten: Anderen hat er geholfen, aber sich selbst kann er nicht helfen. Steig herab vom Kreuz und wir wollen dir glauben. Da schrie Jesus abermals: »Es ist vollbracht« und neigte das Haupt und verschied.

MÄDCHEN Es ist so seltsam schwül hier, in den Straßen ist kein Mensch. Ich habe Angst.

GROSSVATER Die Bürger sind auf den Mauern, Kind. Darum ist es so menschenleer. Du brauchst keine Angst zu haben.

MÄDCHEN Ich glaube, der Sturm beginnt bald. Aber ich habe nicht deswegen Angst.

GROSSVATER *antwortet nicht und blättert in der Bibel.*

MÄDCHEN Ich weiß nicht, woher es kommt. Ich habe erst seit heute morgen Angst. Erst seit Vater und Bruder fortgingen. Da sah mich der Bruder so seltsam an. Er fragte: Heute wird sich's zeigen. Der Sturm wird schwer auszuhalten sein. Wir opfern uns gerne. Er betonte das »Wir«. Diese Rede ist nicht wichtig. Aber sie geht mir immer im Sinn um. Und dann bekomme ich immer plötzlich Angst. Ich weiß nicht warum.

GROSSVATER Hirngespinste! Sie sind schon oft fortgegangen. Sie sind immer wieder heimgekehrt. Ich habe nie bei dir Furcht gemerkt.

MÄDCHEN *starr:* Ich weiß, daß sie oft gingen. Und daß ich mich nie sorgte.

GROSSVATER Heute ist ein schwerer Tag. Der Feind will stürmen.

Wir sind hier und können nicht helfen. Wir können nur Gott um Hilfe bitten. Laßt uns beten! Wir wollen Trost suchen in der Bibel.

MÄDCHEN *zum Fenster hinaussehend:* Es ist schwül heut. *Schweigen.*

GROSSVATER Wenn aber solche Zeichen geschehen, müßt ihr auf die Berge fliehen! Seid standhaft dann und treu. Denn es hängt davon viel ab!

MÄDCHEN *mit dem Blick in der Ferne:* Erzähle mir anderes, Großvater! Deine Bibel ist kalt. Sie redet von Menschen, die stärker waren als wir.

GROSSVATER Mädchen, versündige dich nicht! . . . *Liest:* Ich aber sage euch, dienet euerem Nächsten! Brecht dem Hungrigen das Brot und habt Mitleid mit dem, der da darbet. *Blättert.*

MÄDCHEN *seltsam:* Erzähle etwas anderes! Deine Bibel ist kalt. Erzähle etwas von Not und Tod, aber von der Hilfe Gottes. Erzähle etwas von dem guten, rettenden Gotte. Deine Bibel kennt nur den Strafenden!

GROSSVATER Wer Vater oder Mutter mehr liebet denn mich, der ist meiner nicht wert. – Dieses Buch ist so schön. Weil es stark ist. Die Menschen sollten es mehr lesen.

MÄDCHEN *lauscht:* Ich höre Tritte auf der Stiege. Es sind schwere, müde Tritte. Der so geht, muß ein alter, elender Mann sein. Oder er muß schwer zu tragen haben. Ich will sehen . . . *Geht zur Tür.*

GROSSVATER *leis:* Ich glaube, ich kenne den, der so müde Schritte hat.

ZWEITE SZENE

Der Bürgermeister mit seinem Sohn tritt ein. Ein großer, stattlicher Mann. Der Bruder umarmt das Mädchen stürmisch.

BRUDER *gespielt lustig:* Mädchen! Das ist ein feiner Tag! Es regnet Granaten. *Ernst:* Aber wir haben alle unsere Pflicht getan. *Schweigen.*

MÄDCHEN Wie steht es draußen, Vater? Ihr seid so still und ernst. Es muß nicht gut stehen.

VATER *langsam, starr das Mädchen ansehend:* Es steht schlecht,

Mädchen. – – *Gequält:* Wir wußten es schon am Morgen, daß es nicht mehr lang dauern konnte.

GROSSVATER *ruhig:* Wir wußten es auch.

VATER Man hat euch nichts davon gesagt. Wir wollten euch nicht aufregen. Aber nun muß es gesagt werden. – Erzähle du, mein Sohn!

BRUDER *zögernd:* Es ist nicht viel zu erzählen. – Die Werke sind zerschossen, durchlöchert wie ein Sieb. Wir haben gearbeitet Tag und Nacht, sie im Stande zu halten. Es war umsonst. – Der Hunger ist in der Stadt. Ihr wißt nichts davon. Aber im untern Stadtviertel sterben die Leute.

MÄDCHEN Man muß ihnen zu essen geben. O Gott! Wir haben im Überfluß und diese Leute sterben.

VATER Man kann nicht helfen. Es sind zuviel. Du würdest dich nur selbst zugrund richten.

BRUDER ... Der Hunger ist in der Stadt. Die Leute sind matt. Sie können sich kaum auf den Füßen halten. So matt sind sie. Und heut, jetzt dann, um 3 Uhr, beginnt der große Sturm. Der Katholik stürmt. Wir werden uns nicht halten können.

GROSSVATER *sich aufrichtend:* Man muß sich halten! Sieg oder Tod! Alle Leute sollen auf die Mauern. Sie sollen kämpfen und sterben für ihren Glauben. Bekennet, spricht der Herr.

BRUDER *höhnisch:* Bekennet! Haha! Weißt du, Großvater, ist leicht bekennen, wenn man satt ist. Und in Friedenszeiten, in der guten Stube. – An Sieg ist nicht zu denken! Der Katholik hat im Land gesiegt. Wir, die letzte protestantische Stadt, harren noch aus. – Der Feind wird in die Stadt dringen. Was dann passiert, könnt ihr euch denken. Das Schicksal anderer Städte lehrt es uns. Sie werden die Weiber und Kinder ... Nun ... was reden ... Vater, ich kann nicht weiter ...

MÄDCHEN Was ist's? Was schaut ihr mich so schrecklich an? *Schweigen.*

VATER *müde:* Vorhin kam ein Bote. Er kam aus dem Lager des Feindes ... o Gott.

MÄDCHEN *geht auf ihn zu:* Sprecht doch, Vater! Wir wollen alles hören!

VATER *weicht zurück vor der Umarmung, murmelt:* Nicht jetzt! ... *Dann fährt er mit müder, schleppender, gleichgültiger Art fort:* Ach Gott, es muß doch gesagt werden! Der Bote sagte ...

der Katholik verzeihe der Stadt . . . wenn die Inwohner katholisch würden und . . .

GROSSVATER *schreiend:* Nichts da! Nicht fort! Wir werden kämpfen bis zum Tod!

VATER Und wenn . . . ein Mädchen sich opfere . . . dem feindlichen Feldherr . . . eine Nacht . . . *Blöde:* Du, Mädchen! *Schweigen. Dann schreit das Mädchen wild und will sich auf den Vater stürzen. Sie bricht in Weinkrämpfe aus . . .*

MÄDCHEN Ich! . . . Ich soll mich opfern . . . o Gott . . . o Gott!

VATER *weicht zurück, dumpf:* Laß mich, laß mich! . . . Jetzt ist es heraus. *Wendet sich ab und verbirgt das Gesicht in der Hand.*

GROSSVATER *wild:* Mädchen, Antwort!

MÄDCHEN *irr:* Was ist, was ist . . . o . . . mein Kopf . . . *Wild herausschreiend:* Ich tue es nicht! Ich tue es nicht! Ich kann's nicht tun. *Wirft sich schluchzend vor dem Großvater auf die Kniee.*

VATER *weinend:* Ich wußte es.

BRUDER *scharf, das Mädchen an der Schulter reißend:* Mädchen! Du mußt! Ein Volk schreit nach dem Opfer!

GROSSVATER Geh weg! Versucher!

BRUDER *im Hohn der Verzweiflung:* Versucher. Hahaha! Jetzt fällt die Höflichkeit! Wenn's ans Leben geht! – Mädchen, ich sage dir, du mußt! *Leise, fast flehend:* Schwester! Du rettest ein Volk! Ein Volk! Du rettest deine Verwandten. Deinen Vater! Deinen Großvater! Ihr werdet mir folgen! In den Keller, auf die Straße.

GROSSVATER Sie rettet mich nicht! Ich bleibe hier!

BRUDER *wild:* Gott! Hörst du denn nicht? Mädchen! Großvater, rede ihr zu, sage ihr, daß sie muß!

GROSSVATER Nein! Sie muß nicht! Hört ihr, sie muß nicht, eine Seele ist mehr wert als 1000 Körper!

BRUDER *wild:* Schweig, du Narr! Ja, du bist ein Narr! Oder du bist grausam! Grausamer denn Ahab! Draußen schreien die Menschen und du hörst sie nicht, draußen lodern die Flammen und du siehst sie nicht, Großvater, wenn der Tag des Gerichtes kommt, wie wirst du dastehen?

GROSSVATER *eisern:* Gerecht! Ich sage dir: gerecht!

BRUDER *auflachend:* Gerecht! Ja verharr nur in deinem Wahn! In deiner starren Gerechtigkeit! Haha! *Plötzlich abbrechend, da die Uhr zweimal schlägt.* Schon ½ auf 3 Uhr! Mädchen!

Komm! 3 Uhr ist die letzte Frist, dann beginnt der Sturm!
Hab Erbarmen, Mädchen, mit den Tausenden!

MÄDCHEN Vater, willst du auch, daß ich das tue?

VATER *schweigt.*

BRUDER Natürlich, will er es. Vater, sag, daß du es willst . . .
Sicher, er will es! Komm Mädchen!

MÄDCHEN Ich komme!

GROSSVATER *sie haltend:* Bleib! Kennst du das Wort Gottes
nicht? »Wer mich verleugnet vor den Menschen, den will auch
ich verleugnen vor dem himmlischen Vater!« Mädchen, Mädchen! Ist deine Seele nicht mehr wert als die Körper von Tausenden? Wahrlich, sagt der Herr, wer Vater oder Mutter mehr
lieb hat als mich, ist meiner nicht wert! – Du mußt fest bleiben,
denk an deine Seele.

BRUDER Schweig, du alter Narr! Mit deiner Bibel, die so kalt und
gerecht ist, wie du! Folge deinem Herzen, Mädchen! Ist es
nicht schön, für Tausende zu leiden? Komm . . . schnell!

MÄDCHEN Nein . . . nein . . . Geh weg . . . Großvater hat recht.
Geh weg . . .

BRUDER *rasend, sie schüttelnd:* Du mußt, Mädchen, du mußt!

VATER Laß sie! Zwing sie nicht!

BRUDER Du Schwächling! Sie muß!

VATER Junge! Laß ab von ihr! Ich befehl es! Es ist genug. Du
gehst mit. *Er zieht ihn mit zur Tür.*

BRUDER Sorgt nur für euch selbst! Hahaha!
Sie gehen. Der Vater kommt zurück. Er sagt gedrückt.

VATER So geht wenigstens mit und rettet euch . . . Eine Granate
kann einschlagen . . . Das Haus wird brennen . . . Kommt!

GROSSVATER *ehern:* Schweig! Wir bleiben hier. Wir wollen nicht
abschwören, wie ihr! Wir gehen unter, wenn's not – für unsern
Glauben. – *Hart:* Du hast uns nichts mehr zu sagen. Du hast
deiner Tochter Seele verschachern wollen. Hinaus mit dir! Du
bist nicht wert, deine Tochter zu sehen.

VATER *fährt zusammen, dumpf und bebend:* Ich bin's nicht
wert . . . Ihr habt recht . . . Ich bin's nicht wert . . . *Wankt hinaus.*

DRITTE SZENE

Dumpfer Kanonendonner in der Ferne. Im Zimmer ist's still. Das Mädchen steht wieder am Erker. Großvater steht neben ihr und fährt ihr übers Haar mit der weißen Hand.

GROSSVATER Mädchen, wein nicht. Es mußte sein.

MÄDCHEN Du warst hart, Großvater!

GROSSVATER Ich mußte hart sein. Sie wollten deine Seele verkaufen.

MÄDCHEN *träumend:* Vielleicht wollte es Vater nicht . . . Vater war immer so gut zu mir. Als ich noch klein war, nahm er mich immer auf den Arm und sagte: Du bist meine kleine, süße Maid. Ich glaube, er hatte mich da lieber als den Bruder. Und dann starb Mutter. Ich weiß es noch wie heut. Sie lag da in ihrem schwarzen Kleid im düstern Sarg. Drei hohe, weiße Totenkerzen brannten die Nacht. Wir saßen die ganze Nacht, wir Kinder, und weinten. Am Morgen kam Vater. Da nahm er mich auf den Arm und küßte mich. Nun müssen wir zusammenhalten, sagte er. Du bist mir mehr wert als hundert Freunde. Und er küßte die Tote. – Es war wie ein Schwur. – – Ich weiß nicht, warum mir diese düstere Nacht heute einfällt . . .

In diesem Augenblick schlägt an den Fenstern das Feuer empor, es zuckt grüngolden auf. Der Himmel dahinter ist blutrot. Der Großvater – setzt sich in seinen Stuhl.

MÄDCHEN *vom Fenster her:* Das Feuer wächst. Es faßt den Turm dort drüben. Fast die ganze Stadt brennt schon. Die Stadtmauern ragen schwarz in den roten Himmel. Der Feind beginnt den Sturm. Ich sehe seine dunklen, blitzenden Kolonnen sich heranwälzen. O Gott! Sei gnädig unserer armen Stadt!

GROSSVATER Laß sie stürmen, die Feinde, Gott ist mit uns!

Das Donnern der Kanonen wird stärker. Am Fenster tanzen die Feuerfunken.

GROSSVATER Sei nur ruhig, mein Kind. Gott ist bei uns.

Die Glocken beginnen weit ausholend zu dröhnen.

GROSSVATER *ekstatisch:* Horch, Kind, die Glocken. Sturmglocken! Gott ist nahe! Das sind Gottes Stimmen! Sie rufen zum Kampf!

MÄDCHEN *irr:* Die Glocken ... Gottesstimmen ... *Schreiend:*
Herr Gott! Gottesstimmen! *Starr und stumm schreitet sie, am
Großvater vorbei, hinaus. Der Großvater sieht ihr starr nach. –
Das Donnern wird stärker und schwillt rollend auf. Ein betäu-
bender Krach, ganz dicht am Haus. Rauch und Feuer schießen
zum Fenster herein. Das Haus brennt. Dann wird plötzlich alles ganz still ...*

GROSSVATER *laut und hallend:* Herr, bleibe bei uns: Denn es will
Abend werden und der Tag hat sich geneiget.

*Der Vorhang rauscht über dem brennenden Gemach zusam-
men.*

FINIS

Die Hochzeit

Der Vater der Braut · Die Mutter des Bräutigams
Die Braut · Ihre Schwester · Der Bräutigam
Sein Freund · Die Freundin der Braut
Ihr Mann · Der junge Mann

Eine geweißnete Stube mit einem großen rechteckigen Tisch in der
Mitte. Darüber eine rote Papierlaterne. Neun einfache, breite
Holzsessel mit Armlehnen. An der Wand: rechts eine Chaiselon-
gue und links ein Schrank. Dazwischen eine Portierentür. Links
hinten ein niederes Rauchtischchen mit zwei Sesseln. Links seit-
wärts eine Tür. Rechts seitwärts ein Fenster. Tisch, Stühle und
Schrank sind unpoliert und naturfarben. Es ist Abend. Die rote
Laterne brennt. Am Tisch sitzen die Hochzeitsgäste und essen.

DIE MUTTER *trägt auf:* Das ist der Kabeljau.
    Beifälliges Gemurmel.
DER VATER Das erinnert mich an eine Geschichte.
DIE BRAUT Iß doch, Vater! Du kommst immer zu kurz.
VATER Noch die Geschichte! Dein seliger Onkel, der bei meiner
    Konfirmation, aber das ist eine andere Geschichte, also wir
    aßen Fisch, alle zusammen, und plötzlich verschluckt er sich,
    die verfluchten Kräten, gebt recht Obacht, er verschluckt sich
    also und fängt an, mit Händen und Füßen zu rudern.
MUTTER Jakob, nimm das Schwanzstück!
VATER Zu rudern und blau zu werden wie ein Karpfen, ein Wein-
    glas schlug er dabei um, und erschreckte uns alle furchtbar,
    man klopfte ihm den Rücken, trommelte auf ihm herum und
    er, er spuckte über die ganze Tafel. Das Essen konnte man
    nicht mehr essen – uns freute es, wir aßen's dann draußen al-
    lein, schließlich war ich der Konfirmand, also über die ganze
    Tafel, und wie wir ihn glücklich wieder flott hatten, sagte er,
    mit so ganz tiefer, glücklicher Stimme, er hatte einen guten Baß
    und war in der Liedertafel, da gibt es auch eine kostbare Ge-
    schichte, also er sagte: –
MUTTER Na, wie schmeckt der Fisch? Warum redet denn nie-
    mand?
VATER Ausgezeichnet! Also er sagte:
MUTTER Aber du hast ja noch keinen Bissen gegessen!
VATER Ja, jetzt esse ich. Also er sagte:
DIE MUTTER Jakob, nimm noch ein Stück!
BRÄUTIGAM Mutter, Vater erzählt doch!
VATER Danke. Also der Kabeljau, ach so: Er sagte: Kinder, jetzt

hätte ich mich fast verschluckt. Und das ganze Essen war ungenießbar ...

Man lacht.

BRÄUTIGAM Sehr gut!

DER JUNGE MANN Er erzählt fabelhaft!

DIE SCHWESTER Aber Fisch esse ich jetzt nicht mehr.

BRÄUTIGAM Ja, Gänse essen nie Fische. Nur vegetarisch.

DIE FRAU Ist die Lampe eigentlich nicht fertig geworden?

BRAUT Ina, tu das Messer weg bei Fisch!

DER MANN Lampen sind geschmacklos. Das sieht ganz gut aus.

DIE SCHWESTER Das ist viel romantischer.

DIE FRAU Ja, aber man hat es nicht.

DER FREUND Das ist das richtige Licht für einen Kabeljau!

DER JUNGE MANN *zur Schwester:* Finden Sie das? Sind Sie für das Romantische?

DIE SCHWESTER Ja. Sehr. Besonders für Heine. Der hat ein so süßes Profil!

DER VATER Starb an der Rückenmarkschwindsucht.

DER JUNGE MANN Eine schreckliche Krankheit!

DER VATER Ein Bruder vom Onkel des alten Weber hatte sie. Es war furchtbar, wenn er davon erzählte. Man konnte die Nacht darauf einfach nicht mehr schlafen. Also er sagte zum Beispiel ...

DIE BRAUT Aber, Vater, das ist doch so unanständig!

VATER Was?

BRAUT Die Rückenmarkschwindsucht!

MUTTER Schmeckt es dir, Jakob?

DIE FRAU Uns besonders: Heut nacht sollte man doch schlafen können!

DER FREUND *zum Bräutigam:* Prost, alter Kunde!

DER BRÄUTIGAM Prosit, allseits!

Man stößt an.

DIE SCHWESTER *zum jungen Mann, halblaut:* Bei dieser Gelegenheit!

DER JUNGE MANN Finden Sie es unpassend?

Sie reden leiser zusammen.

DIE FRAU Hier riecht es so gut!

DER FREUND Einfach berauschend!

DIE MUTTER Der Bräutigam hat eine halbe Flasche Eau de Cologne gestiftet.

DER JUNGE MANN Es riecht ausgezeichnet. *Redet mit dem jungen Mädchen.*

DIE FRAU Ist es wahr, daß ihr alle Möbel selber gemacht habt, auch den Schrank?

DIE BRAUT Alles. Mein Mann hat es entworfen, gezeichnet, die Bretter gekauft, gehobelt, alles, und dann geleimt, also alles, und es sieht doch ganz gut aus!

DER FREUND Es sieht glänzend aus. Wo du nur die Zeit hergenommen hast!

BRÄUTIGAM Abends, mittags, manchmal mittags, aber das meiste morgens.

BRAUT Er ist jeden Tag um 5 Uhr aufgestanden. Und hat gearbeitet!

VATER Das ist ein gutes Stück Arbeit. Ich sagte immer, ich gebe auch die Einrichtung. Aber er wollte nicht. Das war wie mit Johannes Segmüller. Der hatte nämlich . . .

BRAUT Es sollte eben alles selber gemacht sein. Nachher zeigen wir euch die anderen Möbel!

DIE FRAU Aber ob es sich auch hält!

BRAUT Länger als Sie und wir alle! Man weiß doch, was daran ist! Auch den Leim hat er selber gemacht.

BRÄUTIGAM Auf das Lumpenzeug in den Läden kann man sich ja nicht verlassen!

DER MANN Es ist eine gute Idee. Man verwächst dann mehr mit den Sachen. Gibt auch besser darauf acht. Ich wollte *zur Frau:* du hättest unsere Sachen selber gemacht.

FRAU Ja, natürlich ich, nicht du! So ist er!

MANN Ich habe es nicht so gemeint. Das weißt du!

DER VATER Die Geschichte mit Johannes Segmüller war sehr komisch.

DIE BRAUT Also ich kann an deinen Geschichten wirklich niemals etwas Komisches entdecken!

DIE SCHWESTER Sei nicht roh, Maria!

BRÄUTIGAM Ich finde, Vater erzählt großartig!

FREUND Famos! Besonders, wenn Sie die Pointen herausbringen!

DIE BRAUT Aber so lang!

BRÄUTIGAM Unsinn!

FREUND Prägnant! Einfach! Plastisch!

DIE FRAU Und wir haben ja Zeit!

DIE MUTTER *kommt herein:* Jetzt kommt die Nachspeise.

VATER Ich könnte sie ganz kurz erzählen, in einigen Worten, es sind vielleicht sechs, sieben Sätze, nicht mehr ...

FREUND Also das riecht schon ganz ambrosisch!

DIE MUTTER Das ist Pudding mit Schlagsahne!

DER FREUND Ich kann schon bald nicht mehr!

MUTTER Nimm das Stück, Jakob! Aber nimm nicht zuviel Sahne! Die ist ein wenig knapp! So, laßt es euch schmecken!

DIE SCHWESTER Schlagsahne esse ich für mein Leben gern.

DER JUNGE MANN Wirklich?

DIE SCHWESTER Ja. Man muß sich den ganzen Mund mit vollstopfen! Dann ist es, als ob man keine Zähne mehr hat!

DER BRÄUTIGAM Vater, noch mehr Sauce?

DER VATER Sachte, sachte, Johannes Segmüller zum Beispiel sagte immer: –

DIE BRAUT Die Sahne ist gut, Mutter, da mußt du mir das Rezept sagen!

BRÄUTIGAM So gut wie du, Mutter, kann sie doch nie kochen!

MUTTER Es sind auch drei Eier dran!

BRAUT Wenn man soviel Sachen hineintut!

SCHWESTER Aber das muß man halt! Sonst wird es nichts!

DIE FRAU Besonders Eier!

DER FREUND *lacht meckernd und verschluckt sich:* Eier, hehehe, Eier, das ist, hehehe, sehr gut ... Eier sind sehr gut, ausgezeichnet; sonst, hehehe, sonst wird's nichts, hehehe, es ist ganz ausgezeichnet ..., hehehe. *Da niemand mitlacht, hält er etwas rasch ein und ißt hastig.*

BRÄUTIGAM *klopft ihm den Rücken:* Na, was hast du denn?

SCHWESTER Na, Eier sind doch gut!

DER FREUND *fängt wieder an:* Sehr gut! Ausgezeichnet! Gegen Eier sage ich gar nichts!

DER VATER Ja, Eier. Mir gab deine selige Mutter mal eins mit auf die Reise. Ich frage: Ist es auch hart? Steinhart! sagt sie. Na, ich glaube ihr und packe das Ei ein. Ich war noch nicht ...

DIE BRAUT Bitte, Vater, die Schlagsahne!

VATER Hier! Noch nicht ...

DIE FRAU *schelmisch:* Habt ihr die Betten eigentlich auch selber gemacht?

BRÄUTIGAM Ja, aus Nußbaumholz!

BRAUT Sie sehen sehr gut aus!

SCHWESTER Bloß ein bißchen breit, finde ich.

DIE FRAU Das kommt daher, wenn man sie selber macht ...

MANN Du hast sie ja noch nicht gesehen ...

DER VATER Ich hätte ganz gute Betten für euch gehabt. Es sind sogar Erbstücke. Sie haben Altertumswert. Und massiv sind sie auch.

DER FREUND Ja, früher wußte man, was man tat.

DER JUNGE MANN Das waren aber auch andere Leute.

DER VATER Andere Leute, andere Betten, sagte Fritz Forst, der überhaupt sehr originell war. Einmal zum Beispiel kam er in die Kirche, als der Pastor schon ...

MUTTER *kommt herein:* Jetzt kommt das Gebäck. Den Wein mußt du mir tragen helfen, Maria!

BRÄUTIGAM Jetzt kommt also die Spülung!

VATER Halt, da gibt es eine Geschichte von Wasserklosetts. Die muß ich zuerst erzählen! Als die eingeführt wurden ...

BRÄUTIGAM Trink mal erst von dem Wein, Vater! Der hält die Zunge feucht!

Man schenkt ein.

DER FREUND Schon die Farbe, das ist großartig! Und diese Blume!

MUTTER Was redet ihr denn immer miteinander, Kinder?

SCHWESTER *fährt zurück:* Wir? Oh, nichts! Er sagte nur ...

MANN *zum jungen Mann:* Warum treten Sie mich eigentlich seit drei Minuten so ausdauernd? Ich bin doch kein Blasbalg!

DER JUNGE MANN Entschuldigen Sie, ich dachte ...

MANN Ja, dachten Sie, das macht nichts, wenn man etwas denkt. Aber nicht gerade mit den Füßen!

MUTTER Gib dein Glas, Jakob!

DIE FRAU Willst du nicht lieber trinken, als deine Weisheit zum besten geben? Deine Weisheit! Und sonst trinkst du doch auch so unmäßig!

Stille.

DER FREUND Aber Sie wollten von den Erbstücken reden, Sie wurden unterbrochen!

VATER Ja, von den Betten! Ich danke Ihnen, besten Dank! Darin ist nicht nur ein Glied unserer Familie gestorben, Maria!

BRÄUTIGAM Nun, jetzt wollen wir auf die Lebenden anstoßen, Vater! Prosit!

ALLE Prosit!

DER MANN *erhebt sich:* Meine lieben Freunde!

DIE FRAU Wenn du etwas halten willst, halte deinen Mund!

DER MANN *setzt sich.*

DER FREUND Warum reden Sie denn nicht? Es war doch nur ein Scherz von Ihrer lieben Frau?

FRAU Er versteht keinen Scherz!

MANN Es ist mir wieder entfallen. *Trinkt.*

DER JUNGE MANN *erhebt sich.*

DIE FRAU Pst!

DIE MUTTER Jakob, knöpf die Weste wieder zu, das schickt sich nicht!

In diesem Augenblick fangen draußen Kirchenglocken zu läuten an.

SCHWESTER Die Glocken, Herr Mildner! Jetzt müssen Sie sprechen!

DER FREUND Hören Sie mal! Das klingt ausgezeichnet! Direkt weihevoll!

DIE SCHWESTER *zum Bräutigam, der ißt:* Pst!

BRAUT Laß ihn doch hinunteressen!

DER JUNGE MANN *steht hoch aufgerichtet:* Wenn zwei junge Menschen in die Ehe treten, die reine Braut und der in den Stürmen des Lebens gereifte Mann, dann singen, heißt es, die Engel im Himmel! Wenn die junge Braut *zur Braut gewandt* zurückschaut auf die schönen Tage ihrer Kindheit, dann mag sie wohl eine leise Wehmut beschleichen, denn nun tritt sie hinaus ins Leben, ins feindliche Leben *die Braut schluchzt,* freilich an der Seite des erprobten Mannes, der nun einen Hausstand gegründet hat, mit eigener Hand, in unserem Falle wörtlich zu nehmen, um nun mit der Erwählten seines Herzens Freud und Leid zu tragen. Deshalb laßt uns trinken auf das Wohl dieser beiden edlen, jungen Menschenkinder, die heute einander zum erstenmal gehören sollen *die Frau lacht* und dann für alle Ewigkeit! Zugleich laßt uns aber zu ihrer Ehre das Lied: »Es muß ein Wunderbares sein« von Liszt singen. *Er fängt an, da aber niemand mitsingt, setzt er sich bald. Stille.*

FREUND *halblaut:* Es ist unbekannt. Aber gesprochen war es gut.

SCHWESTER Einzig! Wie Sie reden! Wie ein Buch!

MANN Es ist Seite 85, für Hochzeiten! Gut auswendig gelernt!

FRAU Schäme dich!

MANN Ich?

FRAU Ja, du!

FREUND Der Wein ist prachtvoll.

Es hört zu läuten auf.

Man erholt sich.

VATER Ja, ich wollte von dem Bett erzählen.

BRAUT Ach, das kennen wir doch!

VATER Das, wie dein Großonkel August starb?

BRAUT Ja, ja.

BRÄUTIGAM Wie starb eigentlich dein Großonkel August?

VATER Nein, jetzt habt ihr mir die Geschichte mit den Eiern ge-
strichen, dann die mit den Wasserklosetts, obwohl die gut ist,
und die von Forst ebenfalls, von Johannes Segmüller will ich
gar nichts sagen, die ist wirklich etwas lang, aber auch nicht
länger als höchstens zehn Minuten, na, vielleicht kann ich sie
später noch . . . Also

MUTTER Schenk frisch ein, Jakob!

VATER Onkel August starb an Wassersucht!

MANN Prosit!

VATER Prosit! Wassersucht. Erst war es nur der Fuß, eigentlich
nur die Zehen, aber dann bis zum Knie, das ging schneller wie
das Kinderkriegen, und da war schon alles schwarz. Der
Bauch war auch aufgetrieben, und obgleich man tüchtig abzapfte . . .

MANN Prosit!

VATER Prost, prost! abzapfte, es war schon zu spät. Dann kam
noch die Sache mit dem Herz dazu, die beschleunigte alles. Er
lag also in dem Bett, das ich euch geben wollte, und stöhnte
wie ein Elefant und so sah er auch aus, ich meine die Beine! Da
sagte seine Schwester, eure Großmutter, zu ihm in seiner letzten Not, es war gegen Morgen zu, das Zimmer sei schon grau
gewesen, ich glaube übrigens, sogar die Gardinen sind noch
da: also sie sagte: August, willst du einen Priester? Er sagte
nichts, sondern sah zur Decke – das tat er seit 7 Wochen, solang dauerte es schon, seit er sich nicht mehr auf die Seite legen

konnte – und sagte: Hauptsächlich ist es der Fuß. Dann stöhnte er wieder. Aber Mutter ließ nicht los, denn sie war der Ansicht, es handle sich um eine Seele, und darum sagte sie nach einer guten halben Stunde: August, willst du also einen Priester? Aber der Onkel hörte nicht einmal hin, und Vater, der dabeistand, sagte zu ihr: Laß ihn. Er hat Schmerzen. Vater war sehr weich. Aber sie wollte nicht, schon wegen der Seele, und eigensinnig sind sie alle, und fing wieder an: August, es ist wegen deiner unsterblichen Seele. Da, Vater erzählte es später, sah der Onkel von der Wand weg nach links, wo sie standen, so daß er schielen mußte, und dann sagte er etwas, was ich nicht sagen kann hier. Es war etwas derb, wie Onkel August überhaupt. Ich kann wirklich nicht . . ., allerdings, die Geschichte . . . Ich muß es doch sagen, sonst ist es unverständlich: Er sagte: Leckt mich am, na, ihr wißt schon. Als er das gesagt hatte, mit Mühe, das kann man sich denken, starb er. Das ist verbürgt. Das Bett ist noch da, ich stelle es übrigens auf dem Boden für euch bereit, ihr könnt es noch abholen. *Trinkt.*
Stille.

SCHWESTER Jetzt habe ich keinen Durst mehr.

FREUND Man darf das alles nicht so nehmen, Fräulein. Na, prost! Es ist nur eine sehr schöne Geschichte.

BRAUT *zum Bräutigam, leise:* Also, daß er uns dies ordinäre Gewäsch nicht ersparen konnte!

BRÄUTIGAM Laß ihm doch die Freude!

DER JUNGE MANN Die Beleuchtung finde ich großartig!

MUTTER Jakob, schneid das Gebäck nicht!

VATER Sollen wir nicht mal deine Möbel ein bißchen angucken?

BRAUT Das könnt ihr.

FREUND Hauptsache ist, daß die Stühle so breit sind. Da haben zwei Platz.

FRAU Ein bißchen dünn sind die Füße!

DER JUNGE MANN Dünne Füße – das ist rassig!

FRAU Woher wissen Sie denn das?

MUTTER Jakob, kannst du das Gebäck nicht mit der Hand essen?

DIE FRAU *steht auf, geht herum:* Das ist die Chaiselongue. Breit wäre sie genug, aber diese Art Polsterung oben ist unpraktisch. Na, dafür, daß sie selber gemacht ist . . .

BRAUT *steht auf:* Der Schrank ist doch hübsch? Besonders das

Eingelegte! Ich weiß nicht, andere Leute haben da gar keinen Sinn dafür. Man legt ein Stück Geld hin und nimmt ein Stück Möbel, wie, na, eben wie ein Stück Möbel, ohne Seele und ohne alles, nur eben um 'n Stück Möbel zu haben. Wir haben doch unsere eigenen Sachen, es klebt Schweiß daran und Liebe zu den Sachen, es ist eben selbst gemacht!

MANN Frau, geh her und setz dich!

FRAU Was heißt das?! Ich möchte ihn gern innen sehen!

MANN Man schaut den Leuten doch nicht in den Schrank!

FRAU Ich meinte ja bloß. Aber du weißt ja immer alles besser. Na, dann eben nicht. Von außen ist der Schrank ja nun wirklich nicht so überwältigend, diese Einlagen hat man jetzt doch gar nimmer, jetzt hat man Glas mit bunten Vorhängen – aber innen kann er ganz gut sein und das wollte ich eben sehen.

MANN Ja, also und jetzt setzt du dich!

FRAU Sagst du es in dem Ton? Du hast schon wieder zuviel getrunken! Ich will dir Wasser hineintun, du verträgst es nicht.

BRÄUTIGAM Aber wenn Sie ihn sehen wollen, bitte. Ihr Interesse freut mich. Hier ist der Schlüssel. Maria, mach auf!

BRAUT Ja, jetzt weiß ich nicht . . . ist das wirklich der Schlüssel? Er dreht sich nicht.

BRÄUTIGAM Gib her, du mußt es noch lernen. Ich habe das Schloß selber eingebaut. *Er versucht es.* Verflucht! Na! Sackerment! *Wütend:* Verreck!

BRAUT Siehst du, du bringst auch nicht auf!

BRÄUTIGAM Vielleicht ist das Schloß überdreht. Ich verstehe es nicht.

FRAU Vielleicht ist nicht soviel drinnen. Dann lohnt es sich gar nicht. Es ist gewiß recht mühevoll, das Schloß aufzubringen an diesem Schrank. Das ist ein Nachteil von dem Schrank!

MANN *drohend:* Setz dich her! Ich höre nicht mehr lang zu!

SCHWESTER Ach nein, jetzt stehen wir schon, wollen wir nicht etwas tanzen?

DER JUNGE MANN Ja, das wollen wir! Wir rücken den Tisch beiseite!

BRÄUTIGAM Tanzen ist gut! Aber wer macht Musik?

FREUND Ich kann Gitarre spielen. Sie steht noch auf dem Flur. *Holt sie.*

Alle stehen auf. Der Vater und der Mann gehen nach links und setzen sich dort nieder. Sie rauchen. Der Bräutigam und der junge Mann heben den Tisch hoch und rücken ihn nach rechts.

DER JUNGE MANN Stellen Sie ihn vorsichtig nieder!

BRÄUTIGAM Das ist nicht nötig. Es muß auch unsanft gehen! *Stellt ihn hart nieder. Ein Bein verrenkt sich.* So, jetzt tanzen wir!

DER JUNGE MANN Sehen Sie, jetzt ist das Bein kaputt! Hätten Sie ihn sanfter niedergestellt!

BRAUT Was ist kaputt?

BRÄUTIGAM O nichts, eine Kleinigkeit! Jetzt wird getanzt!

BRAUT Daß du aber auch nicht aufpassen kannst!

FRAU Sie sollten immer an den Schweiß denken, der dran hängt! Aber vielleicht wäre guter Leim doch besser gewesen!

BRÄUTIGAM Sie haben eine scharfe Zunge! Darf ich mit Ihnen tanzen?

FRAU Wollen Sie das nicht mit Ihrer Frau tun das erste Mal?

BRÄUTIGAM Natürlich. Komm, Maria!

BRAUT Nein, ich möchte gern mit Herrn Hans tanzen!

SCHWESTER Mit wem soll ich dann tanzen?

BRAUT *zum Mann:* Tanzen Sie nicht?

MANN Nein. Sonst pfeift meine Frau.

SCHWESTER Sie sollten aber doch tanzen. Sonst muß ich zusehen!

MANN Es ist aber nicht recht, da ich nicht will! *Steht auf, reicht ihr den Arm.*

FREUND *mit der Gitarre, auf der Chaiselongue:* Ich kann einen Walzer spielen. *Fängt an.*
Es tanzen: der Bräutigam mit der Frau, die Braut mit dem jungen Mann, die Schwester mit dem Mann der Frau.

FRAU Schneller! Schneller! Das geht wie ein Karussell! *Man tanzt ziemlich rasch, dann Schluß.*

FRAU Das war rassig. Man tanzt nicht übel! *Setzt sich mit Aplomb auf das Kanapee. Es knackst. Frau und Freund springen auf.*

FREUND Es hat geknackst.

FRAU Es wird etwas kaputt daran sein. Und ich bin schuld!

BRÄUTIGAM Oh, das macht nichts! Ich repariere es.

FRAU Nun, Sie verstehen die Möbel ja. Das ist die Hauptsache.

BRAUT Es ist Ihnen wohl zu schnell gegangen, da Sie so niederfielen?

FRAU Ja, Ihr Mann hat einen guten Schwung!

SCHWESTER Hat es Ihnen nicht gefallen?

MANN Heut hat es mir gefallen. Ja.

FRAU Du solltest auf dein Herzleiden besser achtgeben!

MANN Hast du Angst?

FRAU Es geht immer an mir hinaus.

BRÄUTIGAM Vielleicht setzen wir uns wieder.

BRAUT *zum Freund:* Sie spielen wundervoll!

FREUND Wenn man Ihnen beim Tanzen zuschaut!

BRÄUTIGAM Geh, schwatz nicht! Setzen wir uns! Wie hat Ihnen das Tanzen gefallen?

DER JUNGE MANN Sehr gut. Aber wollen wir nicht noch mal?

BRÄUTIGAM Nein.

VATER Kann man noch Wein haben? Da plaudert sich's besser.

BRÄUTIGAM Jetzt stellen wir den Tisch wieder in die Mitte. *Tut es mit dem jungen Mann.* Aber passen Sie diesmal auf! *Die Mutter bringt Wein. Man setzt sich, indem man die Stühle zurückschiebt.*

FRAU Singen Sie doch etwas, ich höre so gern zu!

FREUND Singen kann ich nicht gut.

BRÄUTIGAM Das ist nicht nötig. Sing nur, daß eine Unterhaltung da ist!

FRAU Mein Mann singt mitunter. Er spielt auch die Gitarre.

DER JUNGE MANN Ja, spielen Sie!

FRAU Hier ist die Gitarre!

MANN Ich kann nichts mehr.

SCHWESTER Spielen Sie!

MANN Wenn ich steckenbleibe . . .

FRAU Das tust du immer.

SCHWESTER Nur eins!

MANN Eins kann ich vielleicht noch.

FRAU Früher spielte er immer, aber seit wir zusammen sind, hat er es aufgegeben. Er langweilt mich mit Hingebung. Früher konnte er eine Menge Lieder, dann vergaß er einen Haufen und konnte immer weniger, aber blieb immer häufiger stekken, als habe er den Marasmus, und zuletzt konnte er nur mehr eins. Das kannst du jetzt singen!

MANN Ja, das singe ich. *Er akkordiert und fängt frisch an:* Der Spuk zu Liebenau, hört zu an!

Der hat gar manchen . . .

Bleibt stecken. Der hat gar manchen . . . Ich weiß nicht . . ., jetzt habe ich auch das Lied vergessen . . ., es war das letzte . . .

FRAU Marasmus!

BRÄUTIGAM Es macht nichts. Ich kann überhaupt nicht singen.

DER JUNGE MANN Wollen wir dann nicht ein wenig tanzen?

FREUND Ja, tanzen wir! Jetzt möchte ich auch tanzen. So einen Walzer spielen können Sie doch! A-Dur und Septime. Bitte, Frau Maria, diesmal komme ich an die Reihe!

FRAU Aber ich will nicht mehr.

BRÄUTIGAM Dann schauen wir zu.

VATER Maria tanzt gut.

Braut und Freund tanzen.

MANN *zupft die Gitarre:* A-Dur, das geht so.

FREUND *wild:* Sie tanzen herrlich. Schneller.

BRÄUTIGAM Fallt nur nicht um!

FRAU *zum Bräutigam:* So darf ich nicht tanzen.

SCHWESTER Können Sie's?

FRAU Das kommt auf den Mann an.

FREUND *aussetzend:* Das geht ins Blut. Hier hast du deine Frau. Sie tanzt rassig. Aber kann ich was trinken!

VATER Aber wollen wir uns nicht wieder um den Tisch setzen? So kann man gar nicht reden.

BRÄUTIGAM Ja, setzt euch! *Zur Braut, leiser:* Oder willst du weiter tanzen?

BRAUT So, jetzt ändern wir die Tischordnung. *Zum Freund:* Setzen Sie sich hierher! Wollen Sie *zur Frau:* sich nicht dorthin setzen! *Frau setzt sich neben den Bräutigam.* Vater, du sitzt oben.

BRÄUTIGAM *entkorkt Flaschen:* Jetzt trinken wir! Auf das Wohl der Gemütlichkeit!

DER JUNGE MANN Im eigenen Heim!

FREUND Selbstgemacht!

VATER Prost! Als du noch den Rock bis zu den Knien hattest, Maria, bekamst du einmal Wein zu trinken. Deinem Großvater machte es Freude. Er wollte, du solltest tanzen, aber du schliefst nur ein.

FRAU Dann trinken Sie heut lieber nicht! Wie?

MANN Ich habe nie jemand so gut tanzen sehen!

FREUND Jetzt bin ich in guter Stimmung. Bisher war es etwas steif hier. Aber sonst wundervoll. *Erhebt sich.* Was ist das. *Sieht auf den Stuhl.* Ich bin hier etwas hängengeblieben.

BRAUT Und haben Sie sich weh getan?

FREUND Es ist ein Holzspreißel.

BRÄUTIGAM Es macht nichts.

FREUND Ja, dem Stuhl. Es war allerdings meine beste Hose.

BRÄUTIGAM Die hattest du eigens mir zur Ehre angezogen?

FREUND Ja, aber jetzt singe ich.

BRÄUTIGAM Das mußt du nicht, wenn du's nicht gern tust.

FREUND *holt die Klampfe:* Ich tu es gern.

BRÄUTIGAM Ich meine, wenn du verstimmt bist . . .

FREUND Ich bin nicht verstimmt.

BRÄUTIGAM Wegen der Hose . . .

FREUND Das war für den Tanz.

VATER Es gibt eine Vorsehung. Forst sagte das auch!

FREUND *singt die Keuschheitsballade.*

DIE FRAU *lacht.*

BRÄUTIGAM Ich kenne es. Eines deiner besten Lieder! *Zur Frau:* Gefällt es Ihnen? Aber ich will Wein holen!

FREUND Ja, es ist gut. Besonders die Moral! *Zur Braut:* Gefällt es Ihnen?

BRAUT Ich habe es vielleicht nicht verstanden.

FRAU Auf Sie zielt es auch nicht.

VATER *unruhig:* Wo ist denn Ina?

BRAUT Ich weiß doch nicht . . .

BRÄUTIGAM Herr Mildner fehlt auch. Warum war der überhaupt geladen?

BRAUT Er ist der Sohn unserer Hausleute.

BRÄUTIGAM Also ein Lakai.

BRAUT Sie sind sicher hinausgegangen!

VATER Es ist ganz gut, dann haben sie das Lied nicht gehört. Aber jetzt sieh mal nach, Maria!

FRAU Vielleicht haben die es verstanden!

MANN Ihre Frau Mutter ist ja auch in der Küche.

BRÄUTIGAM Ja, sie macht Creme.

BRAUT *gedämpft zu ihm:* Das war eine Zote.

BRÄUTIGAM Nachdem du mit ihm so getanzt hast.

BRAUT Ich schäme mich.

BRÄUTIGAM Wegen des Tanzes?

BRAUT Nein, wegen deiner Freundschaften! *Ab.*

FREUND Jetzt bin ich in ausgezeichneter Stimmung. Wenn ich getrunken habe, bin ich wie der liebe Gott.

BRÄUTIGAM Du hättest sagen sollen, wenn der liebe Gott getrunken hat, dann ist er wie ein Sekretär!

FREUND *lacht etwas gereizt:* Das ist sehr gut, sonst hast du nicht soviel Geist!

MANN Da fällt mir eine Anekdote ein: Der liebe Gott wollte einmal inkognito spazierengehen. Aber weil er vergessen hatte, seine Krawatte anzuziehen, wurde er erkannt und in ein Irrenhaus gebracht.

FREUND Das hätten Sie ganz anders erzählen müssen! Schade um die Pointe!

VATER Das ist gut, aber der Josef Schmidt kam wirklich in ein Irrenhaus. Das kam nämlich so: . . .
Schwester, Braut und der junge Mann kommen herein.

SCHWESTER Wir haben Mutter bei dem Creme geholfen.

BRÄUTIGAM Es macht nichts, wir sind in sehr guter Stimmung. Hier werden Anekdoten erzählt.

DER JUNGE MANN Das Creme wird ausgezeichnet.

FRAU Wird es auf dem Herd gemacht?

SCHWESTER Nein. Wir machen Creme nicht auf dem Herd.

FRAU Ich meinte nur, ihr würdet sagen, Creme würde auf dem Herd gemacht, weil ihr so rote Köpfe habt! *Lacht, wirft sich in den Stuhl. Er kracht. Oh! Steht auf.*

FREUND Ist etwas kaputtgegangen?

FRAU Ich fürchte, der Stuhl . . .

BRÄUTIGAM Das ist ausgeschlossen. Da können Sie drauf vor Vergnügen sich rumwälzen. Ich habe Dreizentimeterstifte verwendet.

FRAU Aber ich traue mich nicht mehr, mich zu setzen. Ich gehe zum Sofa.

SCHWESTER Da waren Sie vorhin schon. Da ist ein Bein ab.

FREUND *langt an ihrem Stuhl herunter:* Da ist wirklich was nicht in Ordnung. Ein Spreißel ist es diesmal nicht. Aber Sie sollten doch auf die Kleider achtgeben!

BRÄUTIGAM *tritt herzu:* Ja, das ist der Stuhl, bei dem hapert es ein bißchen. Da haben die Stifte nicht gelangt. Ich wußte nicht, daß es der Stuhl ist, sonst hätte ich Sie gebeten, sich woanders hinzusetzen!

BRAUT Dann wäre es der Stuhl gewesen.

MANN Hier ist noch ein Stuhl frei!

Stille.

MUTTER Hier ist das Creme! Und der Glühwein!

FREUND Das ist großartig! Glühwein! *Räkelt sich.* Das war nur die Armlehne. Und zerrissen habe ich mir auch nichts! Trinken wir!

Die Armlehne ist zerbrochen.

BRÄUTIGAM Jetzt wird es gemütlich, prosit!

ALLE Prost!

BRÄUTIGAM *zur Mutter:* Das ist auf dein Wohl, Mutter!

MUTTER Ja, aber verschütte nicht den Wein auf deine schöne Weste, du hast schon einen Flecken!

VATER Weil wir von Stühlen reden . . . Rosenberg & Co. hatte in seinem Kontor immer solche Stühle für die Kunden, wo die Sitze so niedrig waren, daß die Knie so hoch waren wie der Kopf. Das machte einen so mürb, daß Rosenberg & Co. davon reich wurde. Er kaufte ein besseres Haus, eine schönere Einrichtung, aber die Stühle behielt er. Er sagte stets mit Rührung: Mit so schlichtem Mobiliar habe ich angefangen. Das will ich nie vergessen, daß ich nicht hochmütig werde und Gott mich nicht straft.

FRAU Schließlich wollte ich doch nicht, daß die Stühle kaputtgingen. Ich kann doch nichts dafür!

MANN Es hat doch niemand was gesagt.

FRAU Eben darum. Jetzt soll ich die Schuld haben.

FREUND Es ist ein Mißton hereingekommen. Soll ich was zur Gitarre singen?

BRÄUTIGAM Wenn du nicht müd bist?

FREUND Von was denn?

BRÄUTIGAM Vom Tanzen und Trinken. Du hast doch die Magenkrankheit.

FREUND Ich habe keine Magenkrankheit.

BRÄUTIGAM Du nimmst doch immer Natron.

FREUND Aber deswegen bin ich noch lange nicht krank.

BRÄUTIGAM Na, es war ja nur Fürsorge von mir.

FREUND Ich danke dir dafür. Aber ich bin nicht müd.

Pause.

DER JUNGE MANN Haben Sie auch das Stück »Baal« im Theater gesehen?

MANN Ja, es ist eine Sauerei.

DER JUNGE MANN Aber es ist Kraft darinnen.

MANN Es ist also eine kraftvolle Sauerei. Das ist schlimmer als eine schwache. Wenn einer ein Talent zu Schweinereien hat, ist das etwa entschuldigend? Sie gehören überhaupt nicht in so ein Stück!

Stille.

VATER Bei den Modernen wird das Familienleben so in den Schmutz gezogen. Und das ist doch das Beste, was wir Deutsche haben.

FREUND Das ist allerdings wahr.

Pause.

BRÄUTIGAM So. Jetzt seid aber mal lustig! Ich habe nicht alle Tage Hochzeit. Trinkt und sitzt nicht so steif da! Ich ziehe zum Beispiel meinen Rock aus! *Er tut es.*

Pause.

FREUND Kann man hier Karten haben? Dann könnten wir Tarock spielen.

BRÄUTIGAM Die sind in dem Schrank.

FRAU Der nicht aufgeht.

FREUND Vielleicht mit einem Stemmeisen!

BRAUT Das ist doch nicht Ihr Ernst?

FREUND Einmal müßt ihr ihn ja doch aufmachen . . .

BRAUT Aber nicht heut.

BRÄUTIGAM Um Karten zu holen.

FREUND *brutal:* Na, dann sagt mal, was man noch hier tun soll!

FRAU Jetzt können wir ja die anderen Möbel besichtigen!

BRÄUTIGAM Das ist ein Einfall! Ich gehe gleich voraus.

Alle erheben sich.

SCHWESTER Ich würde lieber hier sitzen bleiben!

BRAUT Allein? Das gibt es nicht.

SCHWESTER Und warum nicht?

BRAUT Weil es Grenzen gibt.

SCHWESTER Dann kann ich ja sagen, ich wollte nicht aufstehen, weil der Stuhl kaputt ist.

BRAUT Warum hast du ihn kaputtgemacht?

SCHWESTER Er ging von selbst!

FREUND *befühlt den Stuhl:* Wenn man ruhig draufsitzt und sich Mühe gibt, macht es nichts!

VATER Vielleicht gehen wir jetzt, um die anderen Möbel anzuschauen.

FREUND *leiser zur Frau:* Der Tisch ist ja noch ganz.

BRÄUTIGAM Sie sind ja nichts Besonderes . . .

FRAU Wenn sie nur recht haltbar sind!

BRÄUTIGAM Komm doch, Maria!

BRAUT *bleibt sitzen:* Ja, ich komme schon! Geht nur voraus!
    Alle ab durch die Mitteltür, dabei

FRAU *zum Freund:* Der Bräutigam hat seinen Rock ausgezogen.

FREUND Das ist eine Rücksichtslosigkeit. Jetzt ist alles erlaubt.

BRAUT *sitzt am Tisch, schluchzt.*

BRÄUTIGAM *kommt heraus:* Ich muß die Taschenlampe holen, es ist etwas kaputt an der Leitung!

BRAUT Warum hast du sie auch nicht den Monteur machen lassen!

BRÄUTIGAM Was hast du denn! Deine Schwester hätte sich auch besser benehmen können!

BRAUT Und dein Freund?

BRÄUTIGAM So tanzt man nicht, wenn man geachtet werden will.

BRAUT Und der Mildner! Das von der jungfräulichen Braut hat er mit Fleiß gesagt! Ich wurde rot und alle merkten es. Er stierte mich auch so an. Und dann das mit dem verunglückten Lied! Er rächte sich für was!

BRÄUTIGAM Und dann die Zote! Weil er glaubte, bei so einer macht es nichts.

BRAUT Nimm dich in acht, es war dein Freund! Ich bin keine so eine!

BRÄUTIGAM Wie könnten wir sie fortbringen! Sie fressen, saufen, rauchen und schwatzen und wollen nicht fort! Schließlich ist es doch unser Fest!

BRAUT Und was für eins!

BRÄUTIGAM So darfst du nicht sein. Wenn sie fort sind . . .

BRAUT Jetzt haben sie alles verdorben.

BRÄUTIGAM Aber ich möchte allein sein. Jetzt kommen sie.

BRAUT Ich will sie überhaupt nicht fort haben. Dann ist es noch schlimmer!

BRÄUTIGAM *zieht den Rock schnell wieder an:* Es ist doch kühl hier.

Die anderen erscheinen unter der Tür.

VATER Wir mußten in der Küche warten, weil kein Licht im Schlafzimmer war.

FREUND Wir stören wohl?

FRAU *kriegt einen Lachkrampf.*

MANN Was hast du denn schon wieder?

FRAU Weil das so komisch ist!

MANN Was ist komisch?

FRAU Alles! Alles! Die kaputten Stühle, der eigene Hausstand! Die Unterhaltung! *Lacht furchtbar.*

BRAUT Emmi!

FRAU Alles kaputt. *Läßt sich lachend auf einen Stuhl fallen. Er kracht zusammen.* Also der auch! Der auch. Jetzt muß ich mich auf den Boden setzen!

FREUND *lacht mit:* Das ist wirklich! Wir hätten Feldstühle mitbringen sollen!

MANN *faßt die Frau:* Du bist ja krank. Wenn du dich so aufführst, gehen alle Möbel kaputt, da sind nicht die Möbel schuld. *Zum Bräutigam:* Entschuldigen Sie!

FREUND Setzen wir uns, so gut es geht. Das macht ja alles nichts, wenn man vergnügt ist!

Man setzt sich.

SCHWESTER Schade, daß kein Licht war, die Betten wirklich sehr schön.

FRAU Ja, das Licht ging auch nicht.

BRAUT Willst du nicht noch Wein holen, Jakob?

BRÄUTIGAM Er ist im Keller! Gib mir die Schlüssel!

BRAUT Einen Augenblick!

Sie gehen hinaus.

FRAU Es riecht hier auch so merkwürdig!

FREUND Vorhin merkte man es noch nicht.

SCHWESTER Ich rieche nichts.

FRAU Ich hab's. Es ist der Leim!

FREUND Deshalb das Eau de Cologne, das ich ihnen geschenkt habe! Und gleich eine halbe Flasche.

FRAU Aber jetzt ist es nicht mehr zu verbergen, daß der Leimgeruch durchdringt.

BRAUT *kommt zurück.*

VATER Wenn ich dich so auf der Schwelle sehe, das ist ein guter Anblick. Als kleines Mädchen schon warst du ein guter Anblick. Aber jetzt blühst du.

FRAU Das Kleid ist gut gemacht.

BRAUT Ja, ich habe es, Gott sei Dank, nicht nötig, Kniffe zu brauchen.

FRAU Ist das eine Anspielung?

BRAUT Hat es dich getroffen?

FRAU Man soll nicht Steine werfen, wenn man im Glashaus sitzt.

BRAUT Wer sitzt im Glashaus?

FRAU Das Kleid ist sehr gut gemacht, da man nicht einmal sieht, daß du . . .

FREUND Prost, der Wein ist gut!

BRAUT *weint:* Das ist, das ist . . .

MANN Was heißt das?

BRÄUTIGAM *kehrt zurück:* Hier ist der Wein. Was hast du denn?

SCHWESTER Eine Geschmacklosigkeit!

FRAU Was war eine Geschmacklosigkeit?

VATER Beruhigt euch doch. Prost! . . .

BRÄUTIGAM *zur Schwester:* Die Gäste darfst du nicht beleidigen.

SCHWESTER Aber die Gäste dürfen deine Frau beleidigen!

FRAU Ich habe gar nichts gesagt!

MANN Doch. Du warst ungezogen.

FRAU *gereizt:* Ich habe nur die Wahrheit gesagt!

BRÄUTIGAM Was für eine Wahrheit?

FRAU Tut doch nicht so!

MANN *bückt sich:* Nimm dich zusammen!

FRAU Wenn eine schwanger ist, dann ist sie eben schwanger.

MANN *reißt vom Tisch ein Bein ab und wirft es nach seiner Frau. Er trifft aber nur eine Vase auf dem Schrank. Die Frau weint.*

BRÄUTIGAM *wütend zur Schwester:* Das war deine Vase!

SCHWESTER Dir lag wohl nicht viel daran, sonst hättest du sie nicht da hinaufgestellt!

BRÄUTIGAM Ich habe keine Zeit, dir zu antworten, denn außerdem war es noch mein Tisch. *Er befühlt ihn, ob er noch trägt.*

MANN *geht erregt auf und ab:* Jetzt habe ich sie gezüchtigt. Und

jetzt bin ich der Rohling. Das war immer so. Sie ist die Märty-
rerin und ich bin der Rohling. Aber ich habe es sieben Jahre
lang ausgehalten und es fragt sich, wer mich so roh machte.
Meine Hand war von der Arbeit für sie zu müde, als daß ich sie
hätte schlagen können. Sie hat immer einen Schmerz, wenn es
mir gut geht, sie zählt Geld, wenn ich trinke, und wenn ich
Geld zähle, dann weint sie. Ich habe einmal ein Bild, das mir
lieb war, hinauswerfen müssen, weil es ihr nicht gefiel. Es gefiel ihr nicht, weil ich es lieb hatte. Dann nahm sie das Hinaus-
geworfene vom Boden und hing es in ihre Stube. Als ich es
dort sah, freute sie sich und sagte: »Für mich ist es ja gut genug.« Und bemitleidete sich, weil sie das, was ich fortwarf,
auflesen müßte. Ich nahm es ihr im Zorn weg und da weinte
sie, weil sie nicht einmal das haben sollte. Nicht einmal das,
sagte sie auch von allem, was schier unerschwinglich war. Aber
so ist sie und so sind sie. Vom Tage seiner Hochzeit an ist man
nicht mehr ein Tier, das einer Herrin dient, sondern ein
Mensch, der einem Tier dient, und das ist etwas, was einen her-
unterbringt, bis man alles verdient.
Pause.

BRÄUTIGAM *etwas mühsam:* Wollt ihr nicht noch etwas trinken.
Es ist erst 9 Uhr!

FREUND Es sind ja keine Stühle mehr da!

DER JUNGE MANN Aber tanzen könnten wir noch!

FREUND Davon habe ich genug!

BRÄUTIGAM Vorhin hat es dir aber gefallen!

FREUND Da hatte ich noch nicht den Spreißel!

BRÄUTIGAM Ach so. *Lacht.* Stehst du deshalb so still herum?

FREUND War es etwa mein Stuhl?

BRÄUTIGAM Nein, es war mein Stuhl. War: Jetzt ist er kein Stuhl
mehr.

FREUND Dann können wir ja gehen! *Geht hinaus.*

DER JUNGE MANN Ich danke Ihnen. Es war sehr schön. Aber jetzt
muß ich erst meinen Mantel anziehen.

FRAU Begleiten Sie mich nach Hause!

DER MANN *ist hinausgegangen, kommt jetzt wieder mit den Sachen seiner Frau:* Jetzt muß ich mich wieder entschuldigen,
daß ich so eine Frau habe.

BRÄUTIGAM Das brauchen Sie nicht.

FRAU Ich wage es nicht heimzugehen.

MANN Das ist deine Rache! Aber jetzt ist das Theaterstück aus und der Ernst beginnt. *Nimmt sie unterm Arm.* Jetzt gehen wir. *Er geht mit der Frau, die schweigend und gedrückt mitgeht.*

BRÄUTIGAM Jetzt wollen sie fort, wo sie gefressen haben. Und dann sind wir allein und der Abend ist erst zur Hälfte vorbei!

BRAUT Vorhin wolltest du sie forthaben! Siehst du, wie unbeständig du bist! Und du liebst mich natürlich auch nicht.

FREUND *kommt, den Hut auf dem Kopf, bös:* Jetzt kann man den Gestank fast nicht mehr aushalten!

BRÄUTIGAM Welchen Gestank?

FREUND Den Leim, der nicht gehalten hat. Und es ist eine Unverschämtheit, seine Gäste in einen solchen Kehrichthaufen einzuladen.

BRÄUTIGAM Dann bitte ich dich um Verzeihung, daß mir deine Zote nicht gefallen hat und daß du meinen Sessel kaputtgemacht hast.

FREUND Vielleicht zieht ihr doch vor, auf das Wassersuchtsbrautbett zu warten. Einen guten Abend! *Ab.*

BRÄUTIGAM Geh zum Teufel!

VATER Es ist doch besser, wir gehen auch! Wegen der Möbel können wir noch reden und die Betten stehen euch natürlich zur Verfügung. Ich dachte immer, wenn man was erzählt, was niemand angeht, wird es besser. Sie vertragen es so schlecht, wenn man sie sich selbst überläßt. Komm, Ina!

SCHWESTER Es ist schade, daß der schöne Abend so ausging! Schließlich ist es der einzige, den man hat. Hans sagt: Dann kommt das Leben.

BRAUT Du hast jedenfalls redlich dazu beigetragen. Und seit wann sagst du zu Herrn Mildner Hans?

DER JUNGE MANN Ich danke Ihnen nochmals. Für mich war es ein sehr schöner Abend.

Alle drei ab.

BRÄUTIGAM Gott sei Dank und dem Teufel, daß sie endlich draußen sind!

BRAUT Und unsere Schmach in die ganze Stadt tragen. Die Schande! Morgen wissen es alle, wie es bei uns war, und alle lachen. Sie stehen hinter den Fenstern und lachen herunter. Sie schauen in der Kirche nach uns und denken an die Möbel und das Licht, das nicht anging, und daß das Creme nicht gelungen war, und das schlimmste, daß die Braut schwanger ist. Und ich wollte sagen, es sei eine Frühgeburt.

BRÄUTIGAM Und die Möbel und die Arbeit von fünf Monaten? Daran denkst du nicht? Warum wälzen sie sich herum vor Freude über die dreckigen Zoten, die sie singen, weil du mit ihnen tanzt wie im Puff, bis die besten Stühle kaputtgehen. Das war deine Freundin.

BRAUT Und der sang, war dein Freund! Der Teufel hole deine Möbel, die nicht einmal gebeizt sind, weil du sagtest: Das Aussehen ist gleichgiltig, Hauptsache, daß sie halten und bequem sind! Fünf Monate verloren, damit sie fertig wurden, so spät, daß man meinen Zustand merkt. Dieser Schund, dieses Lumpenzeug, diese schlechte Arbeit! Warum haben wir da geheiratet?

BRÄUTIGAM Ja, jetzt sind sie draußen, und jetzt beginnt unsere Hochzeitsnacht. Das ist sie!
Pause. Er geht auf und ab. Sie steht am Fenster rechts.

BRAUT Warum mußtest du mit diesem schlechten Frauenzimmer, das ich bis heute nicht kannte und für meine Freundin hielt, zuerst tanzen, wider allen Brauch? O Schande!

BRÄUTIGAM Weil sie etwas Böses über die Möbel sagte!

BRAUT Und du ihre gute Meinung erzwingen wolltest! Das ist dann besser!
Pause.

BRÄUTIGAM Das kommt daher, daß man etwas tut, was die anderen nicht tun, dann werden sie bös. Besonders wenn sie wissen, es ist gut, was wir nicht getan haben. Dann rächen sie sich. Sie sind natürlich nicht fähig, auch nur ein einziges dieser Stücke zu machen, nur was den Entwurf und das Zuschneiden betrifft. Aber der kleine Fehler, daß der Leim schlecht war, gab ihnen recht. Aber jetzt denke ich nicht mehr daran! *Geht zum Schrank und sucht, ihn zu öffnen.*

BRAUT Man wird dich erinnern! Das vergesse ich dir nie!
Schluchzt.

BRÄUTIGAM Daß der Leim schlecht war?

BRAUT Gott wird dich für deinen Spott bestrafen!

BRÄUTIGAM Er ist schon am Werk! Zum Teufel, verfluchtes

Schloß! Jetzt ist alles gleich! *Er drückt die Tür ein, die dabei
zerspringt.*

BRAUT Jetzt hast du den Schrank kaputtgemacht, weil das Schloß
kaputt war!

BRÄUTIGAM Jetzt habe ich meine Hausjacke geholt, und du
kannst aufräumen. Soll ich noch lang in diesem Schweinestall
herumwaten?

BRAUT *steht auf, fängt mit dem Räumen an.*

BRÄUTIGAM *am Schrank, in der Hausjoppe, zählt Geld:* Billig
war es auch nicht! Der Wein aus dem Keller wäre nicht mehr
nötig gewesen!

BRAUT Der Tisch hinkt; es fehlen zwei Beine.

BRÄUTIGAM Der Glühwein! Das Essen! Und jetzt kommen Re-
paraturen!

BRAUT Die Stühle, der Schrank, die Chaiselongue!

BRÄUTIGAM Die verfluchten Schweine!

BRAUT Und deine Möbel!

BRÄUTIGAM Der eigene Hausstand!

BRAUT Man weiß, was man hat!

BRÄUTIGAM Schont es besser!

BRAUT *setzt sich, Hand im Gesicht:* Und diese Schande!

BRÄUTIGAM Mußtest du im Brautkleid aufräumen? Jetzt wird es
wieder verdorben sein; da ist schon ein Weinflecken!

BRAUT Wie gering du aussiehst in der Joppe! Dein Gesicht ist
ganz anders! Aber nicht gut!

BRÄUTIGAM Und wie alt du bist! Wenn du heulst, sieht man es!

BRAUT Jetzt ist nichts mehr heilig!

BRÄUTIGAM Jetzt ist Hochzeitsnacht!

Pause. Dann geht der Bräutigam zum Tisch.

BRÄUTIGAM Alles ausgetrunken! Das Tischtuch hat mehr abbe-
kommen als ich! Die Flaschen leer, aber Reste in den Gläsern!
Jetzt muß gespart werden!

BRAUT Was tust du?

BRÄUTIGAM Ich trinke die Gläser aus! Hier ist ein volles Glas!

BRAUT Mir ist nicht danach zumut!

BRÄUTIGAM Schließlich ist es doch die Hochzeitsnacht!

BRAUT *nimmt das Glas, schaut weg, trinkt.*

BRÄUTIGAM Wenn man auch nicht sagen kann, ich trinke das auf
deine Jungfernschaft, da du schwanger bist . . .

BRAUT Das ist das Schandfest heut! Jetzt hast du dich selbst übertroffen! Wer ist da schuld? Du warst wie ein Bock drauf aus!

BRÄUTIGAM So steht uns doch heut die Nacht bevor, wo wir unter den Augen der Familie in eigenen Wänden . . .

BRAUT *lacht bitter.*

BRÄUTIGAM . . . uns vermehren sollen: Ein sozusagen heiliger Vorgang.

BRAUT Sprechen kannst du!

BRÄUTIGAM Ich trinke also auf deine Gesundheit, liebe Frau, und daß es uns wohl ergehe!
Sie trinken.

BRAUT Es war nicht alles richtig, was du gesagt hast, aber das ist richtig, heut ist Festtag, da geht es nicht so genau!

BRÄUTIGAM Es hätte überhaupt schlimmer gehen können.

BRAUT Mit deinem Freund!

BRÄUTIGAM Und deinen Verwandten!

BRAUT Müssen wir uns immer streiten?

BRÄUTIGAM Nein! In der Hochzeitsnacht.
Sie trinken häufig.

BRAUT Hochzeitsnacht! *Verschluckt sich, lacht heftig.* Das ist lustig! Eine schöne Hochzeitsnacht!

BRÄUTIGAM Aber immerhin, warum nicht! Prost!

BRAUT Das Lied war so unanständig! *Kichert.* »Und der haute . . .« So seid ihr! »Auf die Treppe hingelegt!«

BRÄUTIGAM *aufspringend:* Und die Geschichten vom Vater!

BRAUT Und meine Schwester auf dem Gang! Zum Totlachen!

BRÄUTIGAM Und wie die Schickse fast auf den Boden fiel!

BRAUT Und wie sie glotzten, als der Schrank nicht aufging!

BRÄUTIGAM Da konnten sie doch wenigstens nicht hineinsehen!

BRAUT Gut, daß sie draußen sind!

BRÄUTIGAM Das macht nur Lärm und Schmutz!

BRAUT Sind zwei nicht genug?

BRÄUTIGAM Jetzt sind wir allein.

BRAUT Die Joppe, die sieht nicht gut aus!

BRÄUTIGAM Das Kleid auch nicht! *Reißt es vorne entzwei.*

BRAUT Jetzt ist es kaputt!

BRÄUTIGAM Das ist doch gleich! *Küßt sie.*

BRAUT Du bist so wild!

BRÄUTIGAM Du bist hübsch! Deine weiße Brust!

BRAUT Oh, du tust mir weh, du Lieber!

BRÄUTIGAM *reißt sie zur Tür, macht sie auf, die Klinke bleibt ihm in der Hand:* Das ist die Klinke. Hahaha. Auch sie. *Wirft sie auf die Laterne, die erlischt und herunterfällt.*

BRÄUTIGAM Komm!

BRAUT Aber das Bett! Hahaha!

BRÄUTIGAM Was ist damit? Mit dem Bett?

BRAUT Das kracht auch zusammen!

BRÄUTIGAM Es macht nichts! *Reißt sie hinaus.*
   Dunkel. Man hört das Bett zusammenkrachen.

Der Bettler oder Der tote Hund

Personen

Der Kaiser · Der Bettler · Soldaten

Ein Tor. Rechts davon hockt der Bettler, ein mächtiger zerlumpter Bursche mit kalkiger Stirn. Er hat eine kleine Drehorgel, die er unter seinen Lumpen versteckt hält. Es ist früh am Morgen. Ein Kanonenschuß fällt. Der Kaiser kommt, von Soldaten eskortiert; sein Haar ist lang und rötlich, unbedeckt. Er trägt violette Wolle. Glocken läuten.

DER KAISER Zu der Stunde, wo ich zu meinem Siegesfest über meinen größten Feind gehe und das Land meinen Namen mit schwarzem Weihrauch zusammenmischt, sitzt ein Bettler vor meinem Tor und stinkt nach Elend. Zwischen den großen Ereignissen aber ziemt es sich, mit dem Nichts zu sprechen. *Die Soldaten treten zurück.* Weißt du, Mensch, warum die Glocken läuten?

BETTLER Ja. Mein Hund ist gestorben.

KAISER War das Frechheit?

BETTLER Nein. Es war Altersschwäche. Er hielt aus bis zuletzt. Ich dachte, warum zittern seine Beine so? Er hatte die vordern über meine Brust gelegt. So lagen wir die ganze Nacht, auch als es kalt wurde. Aber in der Frühe war er schon lange gestorben, und ich wälzte ihn von mir. Jetzt kann ich nicht mehr heim, weil er in Verwesung übergeht und stinkt.

KAISER Warum wirfst du ihn nicht hinaus?

BETTLER Das geht dich nichts an. Jetzt hast du eine hohle Brust, wie ein Loch in Abwasser; denn du hast dumm gefragt. Alle fragen dumm. Schon dieses Fragen!

KAISER Und dennoch frage ich weiter, wer dich versorgt. Denn wenn dich keiner versorgt, mußt du von hier fort, hier darf kein Aas faulen und kein Geschrei laut werden.

BETTLER Schreie ich?

KAISER Jetzt fragst du selber, obwohl Hohn darinnen ist, den ich nicht verstehe.

BETTLER Ja, das weiß ich nicht und es handelt von mir.

KAISER Ich höre nicht auf dich. Aber wer versorgt dich?

BETTLER Das tut manchmal ein Knabe, den ein Engel seiner Mutter gemacht hat, als sie Kartoffeln klaubte.

KAISER Hast du keine Söhne?

BETTLER Sie sind fort.

KAISER Wie das Heer des Kaisers Ta Li, das der Wüstensand begrub?

BETTLER Er zog durch die Wüste und seine Leute sagten: Es ist zu weit, kehr um, Ta Li. Dann sagte er jedesmal: Dieses Land muß erobert werden. Sie marschierten jeden Tag, bis die Schuhe durch waren, dann ging die Haut in Fetzen und sie gingen mit den Knien weiter. Einmal faßte der Wirbelwind ein Kamel abseits. Das starb unter ihren Augen, einmal kamen sie zu einer Oase und sagten: So ist unsere Heimat. Da fiel der kleine Sohn des Kaisers in eine Zisterne und ertrank. Sie trauerten sieben Tage, ihr Schmerz war unendlich. Einmal sahen sie ihre Pferde sterben; einmal konnten ihre Weiber nicht mehr mit. Einmal kamen der Wind und der Sand, der sie zudeckte, und dann war es aus und wieder still und das Land gehörte ihnen und ich vergaß seinen Namen.

KAISER Woher weißt du das? Alles ist unrichtig. Es war ganz anders.

BETTLER Als er so stark war, daß ich wie sein Kind wurde, kroch ich fort, denn ich erlaube niemandem, daß er mich beherrscht.

KAISER Wovon redest du?

BETTLER Wolken zogen. Gegen Mitternacht brachen Sterne durch. Dann wurde es still.

KAISER Machen die Wolken Geräusch?

BETTLER Etliche zwar starben in den schmutzigen Hütten am Fluß, der vorige Woche überlief, aber sie drangen nicht durch.

KAISER Da du dies alles weißt: Schläfst du nie?

BETTLER Wenn ich mich auf die Steine zurücklege, dann schreit das Kind, das geboren worden ist. Und dann geht neuer Wind.

KAISER Gestern nacht war es sternhell, niemand starb am Fluß, kein Kind wurde geboren, es gab keinen Wind hier.

BETTLER So mußt du blind, taub und unwissend sein. Oder es ist Bosheit von dir.

Pause.

KAISER Was tust du immer? Ich sah dich noch nie. Aus welchem Ei bist du gekrochen?

BETTLER Heute merkte ich, daß der Mais dieses Jahr übel steht, weil der Regen ausblieb. Es streicht ein so dunkler warmer Wind her von den Feldern.

KAISER Das ist richtig. Der Mais steht nicht gut.

BETTLER So war es vor achtunddreißig Jahren. Der Mais verkam in der Sonne und ehe er kaputt war, kam der Regen in solchen Mengen, daß Ratten entstanden und alle anderen Felder verwüsteten. Dann kamen sie in die Dörfer und fraßen Menschen an. An dieser Speise verreckten sie.

KAISER Davon weiß ich nichts. Das ist wohl auch erfunden wie das übrige. In der Geschichte steht nichts davon.

BETTLER Es gibt keine Geschichte.

KAISER Und Alexander? Und Cäsar? Und Napoleon?

BETTLER Geschichten! Wen meinst du mit diesem Napoleon?

KAISER Der die halbe Welt eroberte und an seinem Übermut zugrunde ging!

BETTLER Das können nur zwei glauben. Er und die Welt. Es ist falsch. In Wirklichkeit war Napoleon ein Mann, der in einer Rudergaleere ruderte und einen so dicken Kopf hatte, daß alle sagten: Wir können nicht rudern, weil wir zu wenig Platz für die Ellbogen haben. Als das Schiff unterging, weil sie nicht ruderten, pumpte er seinen Kopf voll Luft und blieb am Leben, er allein, und weil er festgeschmiedet war, mußte er weiterrudern, er sah nicht wohin von da unten aus, und alle waren ertrunken. Da schüttelte er den Kopf über die Welt und weil er zu schwer war, fiel er ihm ab.

KAISER Das ist das Albernste, was ich je gehört habe. Du hast mich mit dieser Geschichte sehr enttäuscht. Die anderen waren wenigstens gut erzählt. Aber was denkst du vom Kaiser?

BETTLER Es gibt keinen Kaiser. Nur das Volk glaubt, es gibt einen, und ein einzelner Mensch glaubt, er sei es. Wenn dann zuviel Kriegswagen gebaut werden und die Trommler eingeübt sind, dann gibt es Krieg und es wird ein Gegner gesucht.

KAISER Aber jetzt hat der Kaiser seinen Gegner besiegt.

BETTLER Er hat ihn getötet, nicht besiegt. Der Idiot den Idioten.

KAISER *mühsam:* Es war ein starker Feind, das kannst du glauben.

BETTLER Mir tut ein Mann Steine in meinen Reis. Das ist mein Feind. Er rühmte sich, weil er eine starke Hand hatte. Aber er starb am Krebs und als sie den Sarg zumachten, klemmten sie seine Hand ein und merkten es nicht, als sie den Sarg forttrugen, so daß die Hand heraushing, leer, hilflos, nackt.

KAISER Wird es dir denn nie langweilig, so zu liegen?

BETTLER Früher sind Wolken hinuntergezogen, am Himmel, endlos. Die besehe ich. Sie hören nie auf.

KAISER Jetzt gehen keine Wolken am Himmel. Du redest also irre. Das ist so klar wie die Sonne.

BETTLER Es gibt keine Sonne.

KAISER Du bist vielleicht sogar gefährlich, verfolgungswahnsinnig, toll!

BETTLER Es war ein guter Hund, kein gewöhnlicher. Er verdient allerhand. Er brachte mir sogar Fleisch und nachts schlief er in meinen Lumpen. Einmal war ein großes Geschrei in der Stadt, sie hatten alle etwas gegen mich, weil ich niemandem etwas gebe, was der Rede wert wäre, und sogar Soldaten zogen auf. Aber der Hund verscheuchte sie.

KAISER Warum erzählst du mir das?

BETTLER Weil ich dich für dumm halte.

KAISER Was glaubst du noch von mir?

BETTLER Du hast eine schwache Stimme, also bist du furchtsam; du fragst zuviel, also bist du ein Lakai; du suchst mir Fallen zu stellen, also bist du deiner Sache nicht sicher, auch der sichersten nicht; du glaubst mir nicht und hörst mir doch zu, also bist du ein schwacher Mensch, und schließlich glaubst du, daß sich die ganze Welt um dich dreht, während es doch viel wichtigere Menschen gibt, zum Beispiel mich. Außerdem bist du blind, taub und unwissend. Deine anderen Laster kenne ich noch nicht.

KAISER Das sieht nicht gut aus. Siehst du keine Tugenden an mir?

BETTLER Du redest leis, also bist du demütig; du fragst viel, also bist du wißbegierig; du prüfst alles, also bist du skeptisch; du hörst vermeintliche Lügen an, also bist du nachsichtig; du glaubst, alles drehe sich um dich, also bist du nicht schlechter als alle anderen Menschen und glaubst nichts Dümmeres. Außerdem bist du nicht durch zu viel Sehen verwirrt, kümmerst dich nicht um das, was dich nichts angeht, bist nicht untätig durch Wissen. Deine anderen Tugenden weißt du besser als ich oder sonst wer.

KAISER Du bist geistreich.

BETTLER Jede Schmeichelei ist ihres Lohnes wert. Aber ich bezahle dich jetzt nicht für meine Bezahlung.

KAISER Ich belohne alle Dienste, die man mir tut.

BETTLER Das ist selbstverständlich; daß du Beifall erwartest, zeigt deine gewöhnliche Seele.

KAISER Ich trage dir nichts nach. Ist das auch gewöhnlich?

BETTLER Ja. Denn du kannst mir nichts antun.

KAISER Ich kann dich in ein Verlies werfen lassen.

BETTLER Ist es kühl dort?

KAISER Es dringt keine Sonne hin.

BETTLER Es gibt keine. Du hast wohl ein schlechtes Gedächtnis?

KAISER Ich kann dich auch töten lassen.

BETTLER Dann regnet es nicht mehr auf meinen Kopf, das Ungeziefer verläuft sich, mein Magen gibt Ruhe, und es gibt die größte Stille, die ich je genossen habe.

EIN LÄUFER *kommt und redet leis zum Kaiser.*

KAISER Sage, es dauert nicht mehr lang. *Läufer ab.* Ich tue dir nichts dergleichen. Ich überlege, was ich tue.

BETTLER Das darfst du niemand sagen. Sonst zieht er Schlüsse, wenn er sieht, wie dann deine Taten sind!

KAISER Ich finde nicht, daß man mich verachtet.

BETTLER Vor mir verbeugen sich alle. Aber ich mache mir nichts daraus. Nur die Zudringlichen belästigen mich durch ihre Redereien und Fragen.

KAISER Belästige ich dich?

BETTLER Das ist das Dümmste, was du heute gefragt hast. Du bist ein Unverschämter! Du achtest nicht die Unantastbarkeit eines Menschen. Du kennst die Einsamkeit nicht, darum willst du Beifall von dem Fremden wie mir. Du bist angewiesen auf jeden Mannes Achtung.

KAISER Ich beherrsche die Menschen. Daher die Achtung!

BETTLER Der Zügel meint auch, er beherrscht das Pferd, der Schnabel der Schwalbe meint, er lenkt sie, und die Spitze der Palme meint, sie ziehe den Baum nach sich in den Himmel!

KAISER Du bist ein böser Mensch. Ich würde dich austilgen lassen, wenn ich dann nicht meinen müßte, es sei verletzte Eitelkeit.

BETTLER *zieht eine Orgel hervor und spielt.*

EIN MANN *geht rasch vorüber, wobei er sich verbeugt.*

BETTLER *steckt die Orgel ein:* Dieser Mann hat eine Frau, die ihn bestiehlt. Nachts beugt sie sich über ihn, um ihm Geld zu neh-

men. Manchmal wacht er auf und sieht sie über sich, fett, auf-
gelöst, mit hängenden Brüsten und erschrockenen Augen.
Dann meint er, sie liebe ihn so, daß sie es nicht mehr aushalte
und ihn nachts besehen müsse. Deshalb verzeiht er ihr die kleinen Betrügereien, die er entdeckt.

KAISER Fängst du schon wieder an. Da ist kein Wort wahr.

BETTLER Jetzt kannst du gehen. Du wirst pöbelhaft.

KAISER Das ist unglaublich.

BETTLER *spielt auf der Orgel.*

KAISER Ist die Audienz jetzt vorüber?

BETTLER Jetzt sehen sie wieder alle den Himmel schöner und die
Erde fruchtbarer, wegen dem bißchen Musik, und verlängern
ihr Leben und verzeihen sich und ihren Nachbarn, wegen dem
bißchen Klang.

KAISER So sage mir doch noch wenigstens, warum du mich so
gar nicht ausstehen kannst und mir doch so viel erzählt hast?

BETTLER *lässig:* Weil du nicht zu stolz warst, mein Geschwätz
anzuhören, das ich nur brauchte, um meinen toten Hund zu
vergessen.

KAISER Jetzt gehe ich. Du hast mir den schönsten Tag verdorben.
Ich hätte nicht stehenbleiben sollen. Es ist nichts mit dem Mitleid. Das einzige, das du hast, ist dein Mut, daß du mit mir so
zu reden wagst. Und deswegen habe ich alle auf mich warten
lassen! *Er geht fort, die Soldaten eskortieren ihn.*
Die Glocken läuten wieder.

BETTLER *man sieht, daß er blind ist:* Jetzt ist er fortgegangen. Es
muß Vormittag sein, denn die Luft ist so warm. Der Knabe
kommt heut nicht. Es ist ein Fest in der Stadt. Der Idiot eben
ging auch dorthin. Jetzt muß ich wieder an meinen Hund denken.

Er treibt einen Teufel aus

Personen

Der Vater · Die Mutter · Das Mädchen
Der Bursche · Der Pfarrer · Der Wächter · Der Lehrer
Der Bürgermeister · Bauern

Einstöckiges Bauernhaus mit einem sehr großen Dach mit roten Ziegeln. Vor dem Haus eine Bank. Es ist Abend im August. –

I

Der Bursche und das Mädchen sitzen auf der Bank.

DER BURSCHE Ein schöner Abend!

MÄDCHEN Im Roten Ochsen wird heut getanzt. Hast du die Musik gehört?

BURSCHE Ja, es sind zwei Bläser.

MÄDCHEN Mutter läßt mich nicht hin.

BURSCHE Warum nicht?

MÄDCHEN Sie meint, das ist gefährlich.

BURSCHE Ja, man muß vorsichtig sein.

MÄDCHEN Jetzt hört man gerade die Musik bis hierher. Das ist der Wind.

BURSCHE Es kann noch ein Wetter geben. Es war heiß heut.

MÄDCHEN Ich glaube, die Sterne kommen bald. Dann muß ich noch zu den Kühen.

BURSCHE Die haben es gut.

MÄDCHEN Warum.

BURSCHE Weil du zu ihnen mußt.

MÄDCHEN Da haben sie was.

BURSCHE Zu mir gehst du nicht.

MÄDCHEN Weil ich nicht muß.

BURSCHE Weil du nicht magst.

MÄDCHEN Ich glaube nicht, daß ein Wetter kommt.

BURSCHE Sonst mußt du aus dem Bett.

MÄDCHEN In die Stube. Da betet Mutter.

BURSCHE Statt daß man im Bett betet.

MÄDCHEN Jetzt muß ich dann zu den Kühen.

BURSCHE Ich sehe noch keine Sterne.

MÄDCHEN Das merk ich.

    Pause.

BURSCHE Was heißt das?

MÄDCHEN Etwas.

BURSCHE Das mußt du sagen.

MÄDCHEN Ich muß gar nichts.

BURSCHE Sagst du's?

MÄDCHEN Nein. Wenn du so dumm bist.

BURSCHE Dann strafe ich dich.

MÄDCHEN Da lache ich!

BURSCHE *sucht sie zu küssen:* So, jetzt lache!

MÄDCHEN Du hast ja meinen Mund gar nicht gehabt!

BURSCHE Das träumst du.

MÄDCHEN Träumst du, du hast ihn gehabt?

BURSCHE Das weißt du selber.

MÄDCHEN Ist es dir zu dunkel.

BURSCHE Ja, ich fürchte mich.

MÄDCHEN Tu deinen Arm da weg! Der scheniert mich.

BURSCHE Das ist dein Arm.

MÄDCHEN Ich meine den Arm!

BURSCHE Ja, ich schenke ihn dir.

MÄDCHEN Jetzt gehe ich zu den Kühen.

BURSCHE Hast du auch Füße?

MÄDCHEN Und dann gehe ich ins Bett.

BURSCHE Mit den Füßen?

MÄDCHEN Soll das auch was sein?

BURSCHE Was?

MÄDCHEN Was du da daherredest!

BURSCHE Ich denke nicht mehr so viel. Jetzt kommen die Sterne.

MÄDCHEN Gehst du auch immer zu den Kühen?

BURSCHE Ich glaube, du ziehst mich auf?

MÄDCHEN Meinst du, du gibst Musik, wenn man dich aufzieht?

BURSCHE Das verstehe ich heut nimmer.

MÄDCHEN Du bist ganz völlig drausgekommen.

BURSCHE War ich drin?

MÄDCHEN Du hast es ganz verfahren.

BURSCHE Ich habe doch nichts gesagt.

MÄDCHEN Meinst du, das war gescheit?

BURSCHE Jetzt ziehe ich aber andere Saiten auf.

MÄDCHEN Das ist recht, denn jetzt kommt meine Mutter.

2

Die Mutter kommt.

MUTTER Grüß Gott, Jakob!
BURSCHE Guten Abend.
MUTTER Warst du schon bei den Kühen.
MÄDCHEN Es hat noch Zeit.
MUTTER Das heißt: du hast keine.
MÄDCHEN O warum nicht? *Steht auf.*
BURSCHE Wir reden immer schon von den Kühen.
MUTTER Weil die ihr so im Herzen liegen.
BURSCHE Sie sagt: sie muß zu den Kühen hinein.
MUTTER Geht aber nicht.
BURSCHE Das ist immer so bei den Mädchen.
MÄDCHEN Du hast eine so große Erfahrung!
BURSCHE Das sieht man gleich!
MUTTER So lang bleibt man überhaupt nicht heraußen.
MÄDCHEN Ich hab den ganzen Tag geschafft.
BURSCHE Ja, da hat sie recht.
MUTTER Da helft ihr zusammen.
BURSCHE Weil sie recht hat.
MUTTER Es muß bald Gebet läuten.
MÄDCHEN Bis dahin kann ich doch heraus bleiben!
MUTTER Da muß man herinnen sein.
BURSCHE Jetzt warum?
MUTTER Weil es sich gehört.
BURSCHE Wenn es heraußen schöner ist ...
MUTTER Darum muß man hinein.
MÄDCHEN Ja, heraußen ist es gefährlich!
MUTTER Was weißt denn du? Rede nicht so daher! Du weißt gar
   nichts!
BURSCHE Aber da hat sie schon recht.
MUTTER Schon wieder?
BURSCHE Es kommt vor.
MUTTER Es kommt nichts vor. Geh jetzt zu den Kühen.
MÄDCHEN Es ist viel zu früh!
MUTTER Was wird es viel zu früh sein! Es ist schon ganz dunkel.
BURSCHE Aber man sieht einen noch.

MUTTER Dann sieht man die Kühe nicht mehr.

MÄDCHEN Die Ochsen sieht man auch noch.

MUTTER Das mußt du nicht so nehmen, Jakob. Sie ist so jung.

BURSCHE In dem Alter sind sie so.

MÄDCHEN Wie klug du bist!

STIMME DES VATERS Frau!

MUTTER Er schreit mir! Jetzt müssen wir hinein. Gute Nacht, Jakob!

BURSCHE Gute Nacht! Darf sie nicht noch ein bißchen bleiben?

MÄDCHEN Nein, ich gehe jetzt.

BURSCHE Bis man die Sterne sieht?

MUTTER Zu den Kühen! *Geht hinein.*

BURSCHE Warum willst du nicht bleiben?

MÄDCHEN Weil ich nicht will.

BURSCHE Sie hätte schon ja gesagt.

MÄDCHEN Aber nur, weil ich nicht gewollt habe.

BURSCHE Hast du darum nicht gewollt?

MÄDCHEN Das meinst du!

BURSCHE Da meine ich gar nichts.

MÄDCHEN Ich gehe jetzt.

BURSCHE Sonst kriegst du Schläge.

MÄDCHEN Hörst du zu?

BURSCHE Ja, wie es klatscht.

MÄDCHEN Pfui! Schäm dich!

BURSCHE Das tue ich ganz gern.

MÄDCHEN Du hast keinen Ernst.

BURSCHE Das gefällt dir aber.

MÄDCHEN Was du dir einbildest!

BURSCHE Was sie nur immer dagegen haben!

MÄDCHEN Wogegen?

BURSCHE Gegen das Beisammensein.

MÄDCHEN Stell dich doch nicht so!

BURSCHE Findest du was dabei?

MÄDCHEN Ich? Nein!

BURSCHE Siehst du!

MÄDCHEN Aber die Eltern!

BURSCHE Warum?

MÄDCHEN Die kennen einen nicht.

BURSCHE Aber du kennst dich?

MÄDCHEN Ja. Und dich.

BURSCHE Da hast du vornehme Bekanntschaft.

MÄDCHEN Jetzt gehe ich hinein.

BURSCHE Bist du müde?

MÄDCHEN Nimm es an!

BURSCHE Dann trag ich dich hinein!

MÄDCHEN Du würdest umfallen.

BURSCHE *faßt sie:* Fall ich um?

MÄDCHEN Nein. Laß doch. Wenn man uns sieht.

BURSCHE Ja, hier sieht man uns.

MÄDCHEN Laß doch los!

BURSCHE Wenn ich einen Kuß kriege!

MÄDCHEN Die Mutter!

BURSCHE Will es nicht. *Stellt sie wieder.*

MÄDCHEN Das war nicht schön.

BURSCHE Doch. Du kannst gut küssen.

MÄDCHEN Dafür gehe ich jetzt auch.

BURSCHE Jetzt kannst du gehen.

MÄDCHEN Jetzt, wo deine Gier gestillt ist!

BURSCHE Soll ich also bleiben?

MÄDCHEN Das habe ich nicht gesagt!

BURSCHE Jetzt sieht man die Sterne!

MÄDCHEN Jetzt gehe ich zu den Kühen.

BURSCHE Wetter gibt es heut keins.

MÄDCHEN Ist es dir arg?

BURSCHE Ja. Eure Wand hat eine Ritze.

MÄDCHEN Was macht das?

BURSCHE Es macht nichts. Im Gegenteil.

MÄDCHEN Du redest daher!

BURSCHE Wenn ein Wetter ist.

MÄDCHEN Und was ist dann?

BURSCHE Dann sieht man dich.

MÄDCHEN Jetzt nicht?

BURSCHE Aber nicht im Hemd!

MÄDCHEN Und das sieht man im Wetter?

BURSCHE Ja. Beim Beten.

MÄDCHEN Hast du schon zugesehen?

BURSCHE Das möchtest du wissen!

MÄDCHEN Du hast nichts gesehen.

BURSCHE Nein, man sieht nichts. Nur daß dein Hemd von oben rechts geflickt ist.

MÄDCHEN Das ist nicht wahr.

BURSCHE Soll ich dir's zeigen?

MÄDCHEN Was weißt du sonst noch?

BURSCHE Schliefst du nicht über dem Kuhstall?

MÄDCHEN Hast du das auch durch die Ritze gesehen?

BURSCHE Du schliefst noch nicht lang unter dem Dach!

MÄDCHEN Woher weißt du das?

BURSCHE Ich hab schon Häßlichere gesehen.

MÄDCHEN Schwatz nicht!

BURSCHE Schon Häßlichere.

MÄDCHEN Und du hast sie gesehen?

BURSCHE Du bist nicht die Häßlichste.

MÄDCHEN Und du spielst dich auf!

BURSCHE Ja, ich spiele mich auf. Aber vorn bist du gut gestellt.

MÄDCHEN Pfui! Du bist unanständig!

BURSCHE Ist es unanständig, wenn man vorn gut gestellt ist und nicht wie ein Brett?

DER VATER *ruft aus dem Haus:* Anna!

MÄDCHEN *erschrickt.*

BURSCHE *faßt sie um den Leib. Sie lauschen.*

MÄDCHEN Laß mich wieder los. Ich bin erschrocken.

BURSCHE Du könntest wieder erschrecken.

MÄDCHEN Jetzt muß ich hinein. Jetzt hab ich keine Ausrede mehr.

BURSCHE Weil man die Sterne sieht?

MÄDCHEN Ja. Und weil er ruft.

BURSCHE Wenn du den Kopf hierher tust, siehst du die Sterne nicht.

MÄDCHEN Aber ich tue mein Gesicht nicht dahin.

BURSCHE Warum? Beißt es?

MÄDCHEN Aber ich tue es gleich wieder weg.

BURSCHE Das darfst du.

MÄDCHEN Man sieht uns sicher.

BURSCHE Es ist doch ganz dunkel.

MÄDCHEN Die Hand mußt du aber weg tun.

BURSCHE Welche?

MÄDCHEN Die und die. Nein, das geht nicht.

BURSCHE Du siehst doch, daß es geht.

MÄDCHEN Nein, jetzt muß ich hinein.

BURSCHE Du hast so einen weichen Leib.

MÄDCHEN Du tust mir weh.

BURSCHE Siehst du mich?

MÄDCHEN Wenn ich aufschaue.

BURSCHE Dann hast du die Augen zu?

MÄDCHEN Laß mich.

BURSCHE Tut das auch weh?

MÄDCHEN Du, laß mich gehn. Nicht!

BURSCHE Du bist so warm.

MÄDCHEN Und du hast kalte Hände.

BURSCHE Sie sind gleich warm.

MÄDCHEN Obacht! *Sie fahren auseinander.*

BURSCHE Sackerment! *Tritt hinter das Haus.*

3
Der Vater kommt.

VATER Was ist jetzt das mit dir, Anna?

MÄDCHEN Bist du es, Vater?

VATER Was treibst du denn da?

MÄDCHEN Nichts. Ich sitze ein wenig da.

VATER So, du sitzest ein wenig da!

MÄDCHEN Ja, ich bin müd.

VATER Und ganz allein?

MÄDCHEN Ja. Zu uns kommt niemand.

VATER So, kommt niemand?

MÄDCHEN Soll ich jetzt zu den Kühen?

VATER Ja, Gottes Tod, jetzt sollst du zu den Kühen! *Schlägt sie.*
Ich will dich lehren, in der Nacht mit Burschen herumzubus-
sieren und deinen guten Ruf kaputtmachen!

MÄDCHEN *weinend nach hinten.*

VATER *hinter ihr her, ab.*

BURSCHE So, jetzt hat sie's! Jetzt ist sie soweit. Jetzt kommt das
andere. *Ab.*
Gebetläuten.

4
Kerzenlicht in der Stube.

DIE MUTTER *steckt den Kopf zum Fenster heraus:* Es ist ein schöner Abend. Das Korn vom Böswald riecht bis herauf. Der
Wind ist ganz gut. *Im Zurückziehen:* So ein Tag ist nicht so
leicht. Ich bin um die Nacht froh. *Der Kopf verschwindet, das
Licht erlischt. Man sieht die Kassiopeia über dem Dach.*

5
Bursche kommt mit einer Leiter. Er tritt leise auf.

BURSCHE Kein Licht mehr. Also los. Ich tröste sie. Unter dem
Heulen, das ist gerade schön. Da hat es Schwung. Die Alten
haben ganz recht. *Er stellt die Leiter links an die unsichtbare
Vorderwand des Hauses.* Heraußen wird man gesehen. So
brauchen sie keine Sorge zu haben. *Er steigt hinauf. Oben:*
Du! Was ist los?
STIMME DES MÄDCHENS Um Gottes willen! Wenn man dich
sieht!
STIMME DES BURSCHEN Drum mach das Fenster ganz auf!
STIMME DES MÄDCHENS Du darfst doch nicht herein!
STIMME DES BURSCHEN Hat das dein Alter gesagt?
STIMME DES MÄDCHENS Du bist so frech.
STIMME DES BURSCHEN So, jetzt sieht mich keiner mehr.
Stille. Wind. Und ein Bett knarrt.

6
Der Vater kommt rechts unten. Horcht.

VATER Verfluchte Schererei! Mitten in der Nacht! *Sieht die Lei-
ter.* Aha! Prost! *Nimmt die Leiter weg.* Das geht noch. *Holt
einen Knüppel. Kommt wieder vor. Rechts ab. Dann hört man
Stampfen auf der Treppe und einen spitzen Schrei, darauf ein
Poltern.*
STIMME DES VATERS Aufmachen! Herrgottsackerment Blutsau!

7

Der Bursche und das Mädchen klettern aus einer Luke auf das Dach heraus und machen das Fensterchen wieder zu.

BURSCHE Pst!

MÄDCHEN Er schlägt mich tot!

BURSCHE Maul halten!

Pause.

MÄDCHEN Er findet uns!

BURSCHE Wenn du nicht still bist!

Man hört die Türe einbrechen.

MÄDCHEN Er bricht die Tür ein!

BURSCHE Und hört uns, zum Teufel!

MÄDCHEN Jetzt sucht er uns, jetzt geht er hinunter. Was muß er denken?

BURSCHE Er geht jetzt wieder zu Bett.

MÄDCHEN Er hat die Leiter weggezogen. Er geht nicht ins Bett.

BURSCHE Er sucht dich halt.

MÄDCHEN Warum bin ich mitgegangen!

BURSCHE Du hättest ruhig bleiben können!

MÄDCHEN Dann wäre nichts gewesen!

BURSCHE So wird es brenzlich.

MÄDCHEN Soll ich hinuntergehen?

BURSCHE Allein ist es langweilig.

MÄDCHEN Wenn er aber fragt, wo ich war?

BURSCHE Auf dem Abort.

MÄDCHEN Hätt ich dich nur nicht hereingelassen!

BURSCHE Hör jetzt damit auf! Jetzt ist es eben schiefgegangen. Vorher war es schön.

MÄDCHEN Er wirft mich hinaus.

BURSCHE Das tut er nicht. Sonst ist der Ruf kaputt. Aber mich hänseln sie.

MÄDCHEN Du denkst nur an dich!

BURSCHE Hättest du deine Hemden nicht zum Trocknen im Hof aufgehängt!

MÄDCHEN Du hast also nicht durch den Ritz geschaut?

BURSCHE Denkst du nicht daran, jetzt hinunterzugehen?

MÄDCHEN Willst du mich weg haben? Und ich fürchte mich!

BURSCHE Ja. Und hier kannst du die Sterne anschauen. Still!

8

Der Vater kommt brummend. Schaut links vorn hinauf.

VATER Anna! Wenn ich die Frau wecke, weiß es das Dorf. Sie
kann nicht fort sein, Sackerment, warum ist er sonst eingestie-
gen? Und ich war auf der Treppe! *Geht brummend nach rechts
zurück ab.*

BURSCHE Jetzt mach aber!

MÄDCHEN Jetzt ist mein Leib wohl nicht mehr weich!

BURSCHE Denk jetzt lieber, daß du hinunterkriechst. Sonst ha-
gelt es Hiebe!

MÄDCHEN Wäre ich nicht herauf!

BURSCHE Das wünsch ich jetzt auch!

MÄDCHEN *will zur Luke klettern.*

BURSCHE Halt, es kommt wer! Wenn du nicht ruhig bist, hau ich
dir die Zähne ein!

MÄDCHEN Der Pfarrer!

9

Der Pfarrer und der Nachtwächter.

PFARRER Wen hast du heut alles gesehen?

WÄCHTER Noch niemand. In die Häuser kann man nicht
schauen.

PFARRER Das ist wahr. Darum sind es solche Stätten der Unzucht!

WÄCHTER Ja, es werden dort mehr Kinder gemacht als irgend
sonstwo.

PFARRER Es ist eine schöne Nacht. Ich habe noch einen Spazier-
gang gemacht. Es ist heraußen viel schöner. Im Haus ist es
schwül.

WÄCHTER Zuerst dachte ich, ein Wetter kommt. Aber jetzt ist es
sehr schön geworden.

PFARRER Der Wind hat die Wolken vertrieben. Es ist auch ganz
hell.

WÄCHTER Mit jeder Minute fast wird es heller. Das sind die
Sterne.

PFARRER Das dort ist die Kassiopeia! Wie ein großes W. Siehst
du sie?

WÄCHTER Ja. Es ist wunderbar.

PFARRER Was schaust du so? Dort ist es!

WÄCHTER Herr Pfarrer!

PFARRER Ja, und?

WÄCHTER Da oben sitzt wer!

PFARRER Wo?

WÄCHTER Auf dem Dach von Fricks Haus!

PFARRER Tatsächlich! Es sind zwei.

WÄCHTER Wenn wir näher hingehen!
   Sie tun es.

PFARRER Zweierlei Geschlechts! Skandal!

WÄCHTER Das ist das Neueste!

PFARRER Jetzt gehn sie sogar auf die Dächer!

WÄCHTER Vielleicht ist es ihnen unten zu schwül!

PFARRER Das ist die Anna!

WÄCHTER Oder sie wollen auch die Kassiopeia sehen!

PFARRER Mach keine Witze. Das ist ja schrecklich! Hallo, wer
   sitzt da oben!
   Stille.

WÄCHTER Sie meinen, man sieht sie nicht, wenn sie nichts sagen.
   Und vielleicht fällt ihnen auch nichts ein!

PFARRER Das ist doch die Anna! Hört ihr nicht, ihr auf dem
   Dach?

STIMME DES LEHRERS Was ist denn los?

PFARRER Kommen Sie doch mal! Das ist ja schändlich!

LEHRER *kommt mit dem Bürgermeister:* Was haben Sie denn?
   Machen Sie einen Tarock mit?

PFARRER Sehen Sie doch auf das Dach!

LEHRER Sapperment! Da haben sie die schönste Aussicht!

BÜRGERMEISTER Jetzt das ist etwas! Was tun denn die da oben?

WÄCHTER Wahrscheinlich haben sie auf uns gewartet. Hören tun
   sie nicht!

PFARRER Wecke doch den Frick!

LEHRER Daß er auch was sieht!

BÜRGERMEISTER Den neuen Wetterhahn!

WÄCHTER Das Storchennest! *Klopft.*

BAUERN *kommen:* Grüß Gott, Herr Pfarrer! Da auf dem Frick
   seinem Dach! – Das haut! – Sie hören gar nichts! – Sie sind so
   hoch oben!

Gelächter.

VATER *kommt heraus:* Was ist denn? Brennt's?

BAUERN *lachen schallend.*

LEHRER Nein. Es brennt nicht.

VATER Was ist denn los?

Gelächter.

BÜRGERMEISTER Nichts. Wir sind nur vergnügt.

VATER Zum Teufel! So redet doch!

Gelächter.

PFARRER Das ist doch gottssträflich, wie Ihr Euer Haus führt!

VATER Ich verstehe nicht.

Gelächter.

WÄCHTER Der Teufel hat Eure Tochter geholt!

VATER Ja, wo ist sie denn, in Teufels Namen!

WÄCHTER Er hat sich mit ihr auf dein Dach gesetzt!

Ungeheures Gelächter.

Lux in tenebris

Personen

Paduk · Frau Hogge · Der Kaplan
Der Reporter · Der Gehilfe
Leute · Die Mädchen der Frau Hogge

Bordellgasse. Rechts seitlich sowie im Hintergrund Bordelle mit
offenen roten Glastüren und roten Laternen darüber. Die Gasse
führt nach hinten zu und biegt dann in rechtem Winkel nach links
um. Links seitlich ein großes Leinwandzelt mit einem Loch nach
vorne heraus, das von einem wehenden Tuch abgeschlossen wird.
Vor dieser Tür rechts ein Tisch mit Stuhl. Um das Zelt in gewissem
Abstand ein Bretterzaun. Auf dem Zelt ein großes Schild mit der
Aufschrift: »›Es werde Licht!‹ Volksaufklärung!« Vom Dach des
Zeltes aus überspiegelt kalkig weißes Licht die ganze Gasse.

I

Es ist Nacht. Vor dem Tisch im Freien sitzt Paduk, ein rothaariger
Mann, an der Kasse. Leute lösen Eintrittskarten.

PADUK Weicher Schanker eine Mark! Tripper eine Mark und
    sechzig! Syphilis zwei Mark fünfzig! Nicht drängen!
EIN MANN Ist jetzt Vortrag?
PADUK In drei Minuten.
EINE FRAU Ist es Wachs?
PADUK Hier vierzig Pfennige retour. Syphilis wünschen Sie
    nicht?
DIE FRAU Ist es Wachs oder . . .
PADUK Wachs und Spirituspräparate.
DIE FRAU Dann auch Syphilis.
PADUK Zwei Mark fünfzig.
EIN MANN Tripper.
PADUK Hier! Stimmt.
EINE FRAU Syphilis. Nein, nur Syphilis. Das ist das Schaurigste,
    nicht wahr?
PADUK Syphilis allein geht nicht. Der Vortrag fängt mit Tripper
    an. Also Tripper.
EINE FRAU *unter den Anstehenden:* Meine Schwester konnte eine
    Nacht nicht schlafen, so regte es sie auf.
EINE ANDERE FRAU Ich dachte mir auch, jetzt kann ich auch ein-
    mal dahergehen. Sonst gehe ich donnerstags ins Kino.
ERSTE FRAU Schon die Gasse ist das Geld wert.
PADUK Vorwärts! Geld bereithalten! Tripper eine Mark. Weicher
    Schanker eine Mark fünfzig. Syphilis zwei Mark fünfzig.

MANN Tripper.

PADUK Eine Mark. Das sind nur fünfzig Pfennige!

MANN Mehr gebe ich nicht.

PADUK Dann kommen Sie nicht herein. Weiter!

MANN Das wollen wir doch sehen. Weil ich nur fünfzig Pfennige habe, soll ich mir die scheußlichsten Krankheiten holen?

PADUK *zu dem nächsten:* Syphilis zwei Mark fünfzig. Ja.

MANN Ich bekomme also das Billett nicht?

PADUK Nein.

MANN Und meine Gesundheit! Meine Frau! Die Kinder!

PADUK Und das Mobiliar! Die Unkosten! Die Steuer! Der Vortrag! Gehen Sie sofort weg, sonst rufe ich die Polizei!

MANN *geht fluchend nach rechts ab.*

FRAU Der hat auch geladen!

ZWEITE FRAU Wo er jetzt wohl hingeht?

DRITTE FRAU Er hatte ein Gesicht, als ob er sich rächen wollte!

ERSTE FRAU Tatsächlich! Jetzt geht er da hinüber!

MANN *geht rechts in das Bordell:* Verfluchte Schweinebande!

PADUK Mit fünfzig Pfennigen? Mahlzeit! Tripper eine Mark. So, jetzt beginnt der Vortrag. Die Herrschaften, die nicht mehr hereinkönnen, bitte, eine halbe Stunde zu warten. Der Betrieb geht die ganze Nacht fort. *Er steht auf, zieht den Vorhang zu. Einige Leute stehen noch links. Ebenso sammeln sich dort noch Ankommende. Aus dem Zelt hört man eine unverständliche Stimme eintönig reden.*

2

DER REPORTER *zu Paduk:* Mein Name ist Schmidt. Ich bin Vertreter der Neuesten Nachrichten. Haben Sie für mich Zeit?

PADUK Der Herr ist von der Zeitung? Ja.

DER REPORTER Sie haben hier wohl großen Betrieb?

PADUK Ausverkauft!

DER REPORTER Das ist sehr erfreulich! Sehr erfreulich.

PADUK Das ist es.

REPORTER Ich meine in Anbetracht des guten Zweckes.

PADUK Das meine ich auch.

REPORTER Was zeigen Sie eigentlich?

PADUK Sie sehen in meinem Etablissemang die verheerenden

Wirkungen der Geschlechtskrankheiten. Eine Warnung vor der Prostitution, die unsere Gesellschaft verseucht. Einen flammenden Aufruf an Angesteckte, sich heilen zu lassen, bevor das Gift Körper und Geist zerstört hat.

REPORTER Ist es Reklame für einen bestimmten Arzt?

PADUK Was denken Sie? Herr, es ist allgemeinste Menschenliebe! Bedenken Sie, die Tausende von Notleidenden!

DER HERR *schreibt mit.*

PADUK Die Tausende von Opfern der Prostitution, die, in einer schwachen Stunde, verführt vielleicht vom Alkohol, in die Arme verseuchter Lustdirnen taumeln.

REPORTER Ich verstehe, Sie sind ein Idealist. Wie kommen Sie auf diese Idee, so zum Wohle Ihrer Mitmenschen zu wirken?

PADUK Seit Jahren habe ich das Lasterleben der Großstadt erforscht. Wie es die Seele zerstört und den Leib zermürbt. Wie Trunk und Alkohol nur die Wegmacher sind zur Prostitution und Verbrechertum.

REPORTER Und Verbrechertum. Sie haben ein ausgezeichnetes Deutsch. Wissen Sie das? Es ist, als seien Sie jahrelang in Zeitungsbetrieben gestanden. Haben Sie eine höhere Schule mitgemacht?

PADUK Ich habe nur die Volksschule besucht. Meine armen Eltern hatten nicht das Geld, aus mir einen verdienenden Mann zu machen.

REPORTER Das ist ausgezeichnet ausgedrückt. Darf ich Sie bitten, mir einiges über Ihre Jugend und Ihren Entwicklungsgang zu erzählen? Bei dem allgemeinen Interesse, das Ihr Unternehmen erregt . . .

PADUK Mein Leben liegt klar vor der Öffentlichkeit. Ich bin ein Mann der Klarheit. Ich bin auch ein Mann, der sich selbst gemacht hat. Mein Vater war ein kleiner Krämer, den Trunksucht ins Elend brachte. Meine Mutter zeit ihres Lebens krank. So war meine Kindheit voll von Armut und Entbehrung und Kränkung.

REPORTER Dadurch kamen Sie wohl frühzeitig auf die Erkenntnis, auf Ihre tiefe Erkenntnis des sozialen Elends?

PADUK Dadurch.

REPORTER Und als Quelle allen Übels haben Sie die Prostitution erkannt?

PADUK Jawohl.

REPORTER Deshalb haben Sie wohl auch gerade diese Gasse ausgesucht?!

PADUK Das ist klar. An Ort und Stelle muß der Gegner bekämpft werden. Die Besucher dieser verfluchten Lasterhöhlen sollen veranlaßt werden, hier die Folgen dieser Laster zu studieren. Ich werde nicht ruhen, bis der letzte dieser Unglücklichen diesen Brutstätten des Elends den Rücken kehrt.

REPORTER Es ist ein Genuß, Ihnen zuzuhören. Sie öffnen die Ausstellung nur nachts?

PADUK Jawohl. Aus demselben Grunde.

REPORTER Sie opfern dadurch Ihre Nächte.

PADUK Das bin ich gewohnt.

REPORTER Darf ich fragen, auf welchem Weg Sie speziell zu dieser höchst raffinierten Kampfart kommen? Ich glaube, daß nur ein geradezu dämonischer Haß auf so was verfallen kann.

PADUK Was meinen Sie damit?

REPORTER War es Lektüre oder hatten Sie ein Vorbild, und welches, oder war es ein Erlebnis, sagen wir eine Erleuchtung?

PADUK Man kann sagen: Eine Erleuchtung.

REPORTER Welcher Art?

PADUK Ich sah: Hier wird den Leuten noch Geld abgenommen dafür, daß man ihnen ihre Gesundheit abnimmt. Wieviel besser wäre es, wenn man ihnen für ihr Geld wenigstens die Möglichkeit gäbe, ihre Gesundheit zu erhalten!

REPORTER Es war also vorwiegend eine finanzielle Erwägung . . .

PADUK *stutzt:* Nein. Wo denken Sie hin? Es war selbstverständlich eine moralische Erwägung. Ich dachte: Unkenntnis ist es, die diese armen Menschen ins Verderben jagt. Unkenntnis der Gefahr. Man muß ihnen zeigen, was diese Stätten der Lust wert sind. Dann gehen die Puffs kaputt und die Leute sind gerettet.

REPORTER Sie verlangen aber Eintrittspreis. Geschieht dies aus pädagogischen Erwägungen?

PADUK Jawohl. Was die Leute nicht bezahlen müssen, das schätzen sie nicht. Bei mir kostet Syphilis zweifünfzig. Da drüben mindestens fünf Mark. Das heißt ohne Wein.

REPORTER *meckert:* Dafür ist es allerdings die echte.

PADUK Es ist ein verdammt ernstes Thema, Herr.

REPORTER Entschuldigen Sie. Und wie ist die Wirkung Ihrer Vorträge?

PADUK Sie sind alle Abend ausverkauft.

REPORTER Ich meine auf das Publikum.

PADUK Die denkbar beste. Bis zu Ohnmacht und Erbrechen.

REPORTER Das ist ausgezeichnet.

PADUK Und: Die Buden drüben stehen leer. Zu vermieten.

REPORTER Woher wissen Sie das?

PADUK Es ist jeder Besucher zu sehen bei dem Licht. Es ist kein Besucher zu sehen. Und man hört es am Klavierspielen, ob wer drinnen ist und verführt werden soll.

REPORTER Das ist eine ausgezeichnete Kontrolle Ihres Erfolgs! Wirklich eine geniale Idee! Aber Sie hatten wohl Mühe, das durchzusetzen?

PADUK Wie alles Neue! Die Stadt machte Schwierigkeiten. Besonders wegen des Nachtbetriebs!

REPORTER Aber die Stadt stellte doch den Platz zur Verfügung?

PADUK Jawohl.

REPORTER Während Sie das Geld für das Etablissement von privaten ungenannten Wohltätern erhielten?

PADUK So ist es. Aber jetzt ist der Vortrag aus.

REPORTER Ich weiß genug. Ich danke Ihnen. Es wird in der Zeitung erscheinen.

PADUK Es hat mich gefreut. Ich liebe die Zeitungen. Wollen Sie in den nächsten Vortrag herein?

REPORTER Nein. Ich habe eine Abneigung gegen dergleichen Dinge.

PADUK Aber vielleicht warten Sie, bis die nächste Vorstellung beginnt. Ich halte eine kurze Ansprache.

REPORTER Ich danke Ihnen. Das werde ich auf jeden Fall noch anhören. Sie reden ausgezeichnet.

3
Aus der Tür kommen Leute und zerstreuen sich.

DIE LEUTE Mir ist ganz übel. – Ich habe mich erbrochen. Gut, daß Kübel aufgestellt sind. – Ich sage dir: Der Ekel danach, das ist geradeso wie der, wenn man aus einem Bordell selbst kommt.

EIN MANN *der schon dastand:* Rentiert es sich?

EIN HERAUSGEKOMMENER Absolut. Ich rate Ihnen besonders die syphilitische Abteilung an. Da sind sehr schöne Sachen drin.

EIN KAPLAN *zu Paduk:* Gestatten Sie: Benkler. Kaplan. Ich bin Vorstand des Christkatholischen Gesellenvereins. Wir wären nicht abgeneigt, Ihr Institut zu besuchen.

PADUK Es kann jeder herein.

KAPLAN *hinter dem die Gesellen sich aufschließen:* Darf ich fragen, gibt es Ermäßigung?

PADUK Nein. Für gewöhnlich. Aber Sie sagen, es ist der Gesellenverein?

KAPLAN Jawohl.

PADUK Katholisch?

KAPLAN Christkatholisch.

PADUK Dann machen wir eine Ausnahme. Wieviel Herren sind es?

KAPLAN Nur die Hälfte, leider. Ach so: Dreiundsiebzig.

PADUK Dann mieten Sie den ganzen Vortrag. Das kostet dann für Sie hundert Mark.

KAPLAN Für sämtliche Abteilungen?

PADUK Jawohl. Tripper, Schanker und Syphilis.

KAPLAN Hier. Hundert Mark.

PADUK Gesungen darf aber nicht werden.

KAPLAN Das ist selbstverständlich.

PADUK *schalkhaft:* Es wäre Störung der Nachtruhe.

KAPLAN Wieso? Hier sind doch keine Häuser?

PADUK Und das Vis-à-vis? Dort wird jetzt geschlafen, meine ich, seit ich hier bin.

KAPLAN Ach so, das ist ausgezeichnet. Nein, wir werden nicht singen.

PADUK Bitte, empfehlen Sie mich. *Führt den Gesellenverein hinein. Kommt wieder heraus.* Die Herrschaften müssen sich noch eine Viertelstunde gedulden. Länger dauert es diesmal nicht. *Zu dem Reporter:* Vielleicht sehen Sie morgen abend her.

REPORTER Jawohl. Ich danke Ihnen. *Ab.*

PADUK *allein:* Es wird schon stiller. Nach zwölf Uhr kommt niemand mehr. Verflucht, dann noch aufbleiben zu müssen. Aber es ist wegen des Lichts . . . *Schaut hinauf.* Das Licht ist ausgezeichnet. *Geht zum Zaun.* Absolut still. Bankrott. Das Bett vertrocknet. Der Fluß abgeleitet! Wie still sie sind! Will sehen, wenn hier wieder zum erstenmal Klavier gespielt werden kann!

4
Rechts unter der roten Tür erscheint Frau Hogge.

FRAU HOGGE Paduk!

PADUK He?

FRAU HOGGE *kommt auf die Gasse heraus:* Haben Sie etwas Zeit?

PADUK Durchaus. Es ist Vortrag.

FRAU HOGGE Das Geschäft blüht?

PADUK Ausverkauft.

FRAU HOGGE Paduk!

PADUK Herr Paduk . . .

FRAU HOGGE Entschuldigen Sie. Herr Paduk. Ich dachte: alte Bekannte.

PADUK *murmelt:* Erinnere mich nicht.

FRAU HOGGE Alte Kundschaft!

PADUK *schaut sich um:* Was wollen Sie eigentlich? Haben Sie so wenig zu tun?

FRAU HOGGE Wir haben Reinemachen. Aber ich wollte Sie um Entschuldigung bitten wegen des Mißverständnisses, das Ihnen bei uns passiert ist.

PADUK *kühl:* Oh, nicht nötig!

FRAU HOGGE Der schlechten Behandlung!

PADUK Zuviel der Ehre!

FRAU HOGGE In einem großen Betrieb kann es vorkommen . . .

PADUK Ist er noch immer so groß?

FRAU HOGGE Nun werden Sie gleich höhnisch.

PADUK Ich dachte, ich tue Ihnen einen Gefallen, wenn ich Ihren Betrieb etwas verkleinere, daß Sie Ihre Kunden besser behandeln können.

FRAU HOGGE Aber Sie hatten tatsächlich doch kein Geld.

PADUK Ja. Darum dachte ich auch: Ich muß welches verdienen.

FRAU HOGGE Es ist aber unser Geld.

PADUK Aber auf anständige Art verdient.

FRAU HOGGE Was heißt anständig? Sie nehmen uns das Brot weg.

PADUK Sie haben ja Wein, der Ihnen jetzt allein verbleibt.

FRAU HOGGE Und meine armen Mädchen!

PADUK Die sind nur arm, weil sie Ihre Mädchen sind.

FRAU HOGGE Sie machen es einer alten Frau wirklich schwer. Ich muß Ihnen sagen: Es tut mir leid, daß Sie aus unserem Haus hinausgeworfen worden sind.

PADUK Mir tat es auch leid. Aber im Gegensatz zu Ihnen tat ich etwas für mich.

FRAU HOGGE Sie waren einer unserer besten Kunden.

PADUK Und dennoch warfen Sie mich hinaus, als ich einmal kein Geld hatte.

FRAU HOGGE Nun sagen Sie einmal: Was soll die Geschichte eigentlich? Diese unanständigen Dinge zu zeigen? Als ob die Leute sich je bessern wollten!

PADUK Sie wissen ganz gut, daß es sich nicht darum handelt. Ich besann mich lediglich, wie ich diese Gasse beleuchten könnte. Wie in Ihr schändliches Gewerbe hineingeleuchtet werden könnte!

FRAU HOGGE Es war also nur Rache und es handelte sich für Sie nur darum, irgendwie einen elektrischen Scheinwerfer *schaut hinauf* anzubringen? Und darum die ganze Komödie? Die Eingaben? Die Wohltäter? Das Etablissemang? Nur wegen dem Scheinwerfer!

PADUK Deswegen. Ich konnte mich doch nicht umsonst und allein, mit der Lampe in der Hand, hier aufstellen. Nur wegen Ihnen! Das kann ich mir auch nicht leisten. Sie selbst machten mich darauf aufmerksam, daß man Geld braucht.

FRAU HOGGE Sie sind doch ein gemeiner Mensch!

PADUK Sie überschätzen mich. Es war lediglich ein guter Einfall, segensreich für Hunderte.

FRAU HOGGE Ja. Sie kennen wir!

PADUK Ich habe Sie allerdings auf mich aufmerksam gemacht.

FRAU HOGGE Mädchen schinden, daß sie heulend, halbnackt zu mir gerannt kommen, nichts bezahlen, Krakeel machen, selber der Schlimmste von allen, ein ehrloser Schuft, darum bei uns hinausgeworfen, bei uns hinausgeworfen!

PADUK Auferstanden von den Toten. Am dritten Tage aufgefahren zum Himmel. Schöpfer einer Wohlfahrtseinrichtung! Vorkämpfer der Moral! Kapitalist!

FRAU HOGGE Lump! Saukerl! Verkommener Schuft! *Nach rechts ins Bordell ab.*

5

PADUK *kehrt zum Tisch zurück:* Bagage! Ungebildetes Pack! Weil diesmal der Gesellenverein mich beehrt. Brotneid!

EIN MANN *von links, einer von den Wartenden:* Was haben Sie denn mit der Person?

PADUK Geht Sie das was an?

DER MANN Ich bin Beamter. Das dürfte vielleicht doch von Interesse sein, was Sie da eben verhandelten.

PADUK Es sind Anwürfe einer gemeinen Person, denen wir Pioniere der Moral immer ausgesetzt sind.

DER MANN Jedenfalls werde ich veranlassen, daß morgen recherchiert wird. Das Ding hier ist mit fremdem Geld erbaut! *Grußlos ab.*

PADUK *starrt ihm nach:* Verflucht! Die Kerls haben lange Ohren! Das kann peinlich werden ... Na, ich rede ja ausgezeichnet, wie der Idiot sagte. Und morgen steht mein Lebenslauf in der Zeitung. Klar. Nicht ohne erschütternde Momente. Hm. Aber vielleicht wäre es doch gut, wenn noch etwas getan würde, was jeden Zweifel über den sittlichen Ernst behöbe!

6

Die Vorstellung ist wieder aus. Der Gesellenverein strömt zurück.

PADUK *zum Kaplan:* Wie hat es Ihnen gefallen?

DER KAPLAN Sehr gut ... Das heißt ..., das ist ja die Hölle auf Erden!

PADUK Nicht wahr? Die reinste Hölle! Und alles hauptsächlich von der Prostitution! Herr Pfarrer, wenn Sie erlauben, rede ich mir einiges vom Herzen. Wes der Mund voll ist, Sie wissen ja. *Er geht für einen Moment ins Zelt, dann kehrt hinter ihm der Gehilfe zurück, der Spiritusgläser trägt und auf dem Tisch niederstellt.*
Die Gesellen verharren noch. Außerdem treten die Wartenden

von links zu. Aber auch auf der Gasse wird es lebendig während der ersten lauten Sätze Paduks. Aus den Bordellen kommen in dunklen Straßengewändern die Mädchen, einzeln und zu zweien oder dreien. Sie schleichen an den Zaun, etliche schlendern auch laut kichernd über die Gasse. Aber dann schauen sie alle still über den Zaun.

PADUK Meine lieben jungen Freunde! Sie haben eben die Folgen des Lasters gesehen, die schrecklichen Krankheiten, die die Folgen der Prostitution sind. Es ist kein Zufall, daß dieses Etablissemang, das dem sittlichen Ernst dienen soll, gerade an diesem Platz steht. Es ist ein feierlicher Protest! *Er bemerkt die Mädchen hinter den Zäunen und steigt sofort auf den Tisch, zwei Spiritusgläser in den Händen.* Meine lieben jungen Freunde, es ist kein Protest gegen die unglücklichen Bewohnerinnen dieser Lokale, sondern gegen die Lokale selbst, gegen den Geist der Lokale! Die unglücklichen Mädchen, die darinnen in Sklaverei ihren Leib, den Gott gemacht hat, verkaufen müssen, ohne daß das Geld ihnen gehört, klage ich nicht an. *Mehr und mehr zu diesen hinüber.* Nur ein Rohling könnte das. Sie sind Opfer. Ihr Los ist schrecklicher als das der Straßenpferde, schrecklicher als das der Sträflinge, schrecklicher als das der Todkranken! Sie müssen ihre unsterbliche Seele verkommen und ihren Leib verfaulen sehen, jedem schmierigen Lumpen, jedem verkommenen Schuft zu Willen sein und zur viehischen Wollust der Männer sich mit unheilbaren Krankheiten anstecken lassen. *Er hebt das Glas links empor.* Dieser Mund mit dem von Geschwüren zerfressenen Gaumen hat einst so gut wie euer Mund in der Kirche Choräle gesungen, diesen von Aussatz verheerten Kopf hat die Hand einer Mutter gestreichelt, wie euren. Über dieser Brust *er bückt sich nach einem Wachsmodell*, die von Eiter durchlöchert ist, hat ein Kreuzlein gehangen, wie über eurer. Und diese Augen *er bückt sich nach einem anderen Wachsmodell*, verquollen und ausgefressen, haben, als sie zum erstenmal aufgingen, ein Elternherz erfreut, wie eure. Vergeßt das nicht! Vergeßt das nun und nimmer nicht, wenn die Verführungen an euch herantreten und der Teufel euch lockt. Vielleicht ist es noch Zeit für euch, vielleicht habt ihr noch das Glück, daß es für euch nicht zu spät ist. Seid nicht undankbar dafür. Vergeßt es nicht! Tut nicht neues Unrecht! *Steigt herab von seinem Tisch.*

DER KAPLAN Das war gut gesprochen. So spricht nur ein Erwählter Gottes. Haben Sie Dank dafür!

PADUK *mit den Spiritusgläsern:* Bitte, Herr Kaplan, es war nur meine Schuldigkeit.

DER KAPLAN *drückt ihm die Hand, die jener erst frei macht. Er geht mit den Gesellen langsam, schweigend ab.*

PADUK Heute findet keine Vorstellung mehr statt. Wegen Reinemachens! *Er geht nach hinten.*

7

Die Leute verstreuen sich. Auch die Mädchen verschwinden wieder in den Häusern.

PADUK *kommt zurück, hinter ihm der Gehilfe:* Hast du Trinkgelder bekommen?

GEHILFE Ja. Einige Mark.

PADUK Gib sie her!

GEHILFE Sie gehören doch mir.

PADUK Nein. Sei nicht unverschämt. Du wirst von mir bezahlt.

GEHILFE Dann können Sie den Dreck von jetzt ab alleine daherquatschen. Überhaupt immer in der Luft!

PADUK Sie können gehen.

GEHILFE So. Gut. Diesmal gehe ich aber wirklich. Diesmal haben Sie sich verrechnet. Es muß ein Ende haben. So kann ich mir kein Vergnügen kaufen von dem Lohn. Und den Ekel holt man sich auch. Jetzt ist es Schluß!

PADUK Ist das Ihr Ernst?

GEHILFE Möchten Sie wieder klein beigeben. Nee. Hilft diesmal nicht. Ich gehe rein und packe. Bewachen Sie den Dreck selber. *Er schmeißt das Geld auf den Tisch.*

PADUK Du kannst das Geld doch behalten. So war es nicht gemeint. Du bist viel zu erregt.

GEHILFE Nee, diesmal ist es Schluß. Endgültig. Und dann haben Sie mich überhaupt zu siezen. *Geht hinein.*

PADUK Verflucht! Das geht gut heute. Und ich habe nie besser gesprochen. Jetzt weiß ich, was Pfingsten ist. Heute war der Geist über mir. Aber das Glück ist mit den Dummen, wie alleweil. *Setzt sich.* Und das Gewarte jetzt! Mit knurrendem Magen! In dieser Umgebung kann doch kein Mensch etwas hin-

unterbringen. Mir kommt es sowieso schon im Traum. Und
bis der nächste die lateinischen Wörter wieder kann! Placke-
rei! Und der Beamte! Der Esel! Spitzeltum! *Schaut um, wie
vom Schlag getroffen. Es sind einige Leute vor der Bordelltür
rechts. Sie haben geläutet.*

ERSTER Zum Teufel, warum ist denn der Stall zu?

ZWEITER Als ob nicht das Licht schon genügte! Der verfluchte
Scheinwerfer!

DER DRITTE MANN Aufmachen! Der Betrieb ruht wohl hier?
Es wird geöffnet, sie treten ein.

PADUK Was wollen denn die? *Geht zum Zaun.* Die ersten seit
zwei Wochen!
Es kommen noch einige, die hinten wo eintreten.

8

PADUK *geht zum Tisch zurück, schüttelt den Kopf, zieht die Kasse
hervor, zählt Geld.*

FRAU HOGGE *rechts aus der Tür, kommt über die Straße. Lauscht.
Geht leise durchs Gatter und sagt hinter Paduk:* Reicht's
schon, Herr Paduk?

PADUK *erschrickt, zornig:* Was soll das bedeuten? Scheren Sie
sich!

FRAU HOGGE Nicht so heftig, Herr Paduk – die ersten Besucher
sind wieder da.

PADUK Na. Musik höre ich noch keine!

FRAU HOGGE Die wird nicht wegen jedem gemacht. Vorerst geht
es wieder mit den Fünfmarkleuten an. Aber es wird schon besser.

PADUK Das müssen Sie ja wissen.

FRAU HOGGE Hören Sie mal, Herr Paduk, könnte ich einen Stuhl
haben?

PADUK Sonst nichts?

FRAU HOGGE Nein. Ich verlange ihn nicht umsonst.

PADUK *schließt die Kasse ein:* Nach den Beleidigungen, die Sie
vor noch nicht zehn Minuten . . .

FRAU HOGGE Seitdem ist einiges passiert. Ich sage: einiges.

PADUK Ich habe nichts bemerkt.

FRAU HOGGE Erstens sind die ersten wiedergekommen. Das ist
für mich. Zweitens haben Sie eine Rede gehalten.

PADUK Die für mich war. Ja. Das haben Sie richtig erkannt.

FRAU HOGGE Sie nicht. Sie haben es nicht richtig erkannt. Die Rede war ein Blech.

PADUK So, war sie Blech?

FRAU HOGGE Ja. Von unserem Standpunkt aus. Nicht von dem des Pastors. Sondern von Ihrem und meinem!

PADUK Das ist nicht schlecht. Das amüsiert mich. *Holt den Stuhl.* Hier der Stuhl! Wollen Sie mir erklären?

FRAU HOGGE Ja. Danke. *Setzt sich.* Ich bin nämlich dankbar. Ich wollte Sie auch um Entschuldigung bitten wegen des Mißverständnisses von vorhin.

PADUK Kommen Sie zu meiner Rede!

FRAU HOGGE Also Ihre Rede hatte, wenn ich richtig verstand, den Sinn, daß die Mädchen bei mir ausgesogen werden. Das sagten Sie sehr schön. Es stimmt aber nicht ganz. Sie hätten ebensogut, als Sie, sehr wirkungsvoll, von den Mündern mit den Geschwüren, wissen Sie, statt von Chorälen, die einmal drin waren, vom Schnaps reden können – nur mit geringerer Wirkung. Die Köpfe streichelten in den meisten Fällen nicht die immer effektvollen Hände einer Mutter, sondern prügelten die minder bekannten Fäuste von Zuhältern. Aber davon will ich nicht reden. Das wissen Sie selber. Sie haben lang genug bei uns studiert. Daß das Unternehmen Gewinn bringen muß, das stimmt. Die Einnahmen übersteigen in normalen Zeiten die Ihrigen um ein Beträchtliches.

PADUK Sie reden ausgezeichnet. Es ist ein Genuß, Ihnen zuzuhören. Aber warum war meine Rede ein Blech? Dafür haben Sie den Stuhl bekommen!

FRAU HOGGE Sie brauchen sich nicht so sehr darauf zu freuen. Ich werde Sie schonend vorbereiten. Zunächst was die Rentabilität und Ihre Aussichten anlangt: Sie verdienen jetzt gut, weil niemand Ihre Sehenswürdigkeiten gesehen hat, außer zu sehr teuren Preisen am eigenen Leib. Aber da niemand bei Ihnen zweimal reingeht – und da können Sie Gift drauf nehmen –, hört die Geschichte einmal auf. Mein Geschäft fängt zwei Wochen nach Ihrem Bankrott wieder an. Meine Kundschaft beläuft sich auf 6000 Seelen. Durch Aufklärungsarbeit, die wir sofort anordneten, wurde davon ein großer Teil von einem Besuch Ihres Ekel erregenden und unfeinen, an die

niedrigsten Instinkte der Massen: die Feigheit und das Muk-
kertum, appellierenden Instituts abgehalten. Der andere Teil,
der Lust hat und nicht davon abgehalten werden kann, sich
von Ihnen die höchsten Genüsse des Lebens, nämlich die der
Liebe, einschließlich der ehelichen, verekeln zu lassen, meidet
unser Etablissemang bis zu zwei Wochen nach dem Besuch bei
Ihnen. Der Ausfall an Einnahmen durch Sie ist beträchtlich,
aber einmalig. Und unser Institut wird immer wieder besucht!
Stille.

PADUK *sitzt ihr gegenüber an seinem Tisch, Schweißperlen auf der
Stirn:* Das hat mit meiner Rede nicht das geringste zu tun.

FRAU HOGGE Ja. Soviel ich weiß, besteht der Sinn Ihres Geschäf-
tes darin, daß Sie die Ansteckung durch Prostitution ausbeu-
ten. Das schädigt so lange die Prostitution, als die Kenntnis davon erst von Ihnen vermittelt werden muß. Dann ist es vorbei
und wir blühen wieder wie zuvor. Der Sinn Ihrer Rede aber
bestand darin, daß Sie den Herd der Ansteckung, nämlich die
Prostitution, vernichten wollten. Also Ihren eigenen Herd, auf
dem Ihr Geschäft beruht, wie ein Haus auf einem Felsen. Kür-
zer: Wenn Sie die Männer aufklären über die Ansteckung, so
ist mir das gleichgültig. Das hat gar keine Wirkung. Aber
wenn Sie meine Mädchen aufklären, dann geht die Prostitution zugrund, damit der Herd der Ansteckung und damit Sie
selber! *Triumphierend, aber voller Angst:* Und das haben Sie
gemacht, als Sie heute meine Mädchen wieder heulend zu mir
schickten. Sagen Sie jetzt: War diese Rede kein Blech?
*Stille. Paduk schnauft. Frau Hogge trocknet die Stirn mit dem
Taschentuch.*

PADUK *möglichst gleichmütig:* Ja. Gut. Was weiter? *Stille.* Sie reden wie ein Buch.

FRAU HOGGE Ich habe eine höhere Schule besucht.

PADUK Gut. Ich habe mich hinreißen lassen. Wie Sie sich vorhin
auch hinreißen ließen. Aber was jetzt?

FRAU HOGGE *befriedigt aufatmend:* Na also! Das ist ein anderer
Ton! Jetzt kommt auch der Dank für den Stuhl! Ich gebe Ih-
nen einen Rat: Schließen Sie die Bude zu und stecken Sie das
Geld, das Sie mit ihr verdient haben, in unser Institut!

PADUK *steht auf:* Was heißt das?!

FRAU HOGGE Wie ich es sagte!

PADUK Und mein Ruf? Die Stadt, die den Platz hergab? Der Artikel in der Zeitung?

FRAU HOGGE Kleine Unannehmlichkeiten! Aber dann der Erfolg!

PADUK Ich kann es nicht. Des Rufes wegen. Was Sie da sagten, habe ich selber schon ausgerechnet. Aber es geht nicht.

FRAU HOGGE Was heißt: Ihr Ruf? Wenn Sie so fortfahren, mich zu ruinieren – und Sie selber mit –, dann muß ich mir helfen, so gut es geht. Ich muß doch bekanntgeben, welches Ihre Motive sind! Dann können Sie mit Ihrem Ruf sowieso Finanzminister werden!

PADUK Das klingt nicht schlecht! Aber die wundervolle Idee! Und die Behandlung, die Sie mir angedeihen lassen . . .

FRAU HOGGE So behandeln konnte die Carmen Sie, als Sie noch ein Unbekannter ohne Geld waren. Jetzt sind Sie Mitbesitzer und können machen mit ihr, was Sie wollen! Haben Sie schon die neuesten Aufnahmen gesehen?

PADUK Nein. Ich war etwas außer Kontakt!

FRAU HOGGE *zieht Photographien aus dem Busen und zeigt sie:* Hier, Carmen, von hinten und seitwärts! Hier, ganz pikant, Ludmilla von vorn, Ganzakt. Diese Augen! Die Brust! Der Mund! Das ganze Köpfchen!

PADUK *mit einem Ruck:* Gut. Ich besichtige Ihr Etablissement! *Nimmt die Kasse untern Arm.* Hier kommt jetzt so niemand mehr. Und Lind ist ja da. Ach so . . . Lind, bleiben Sie noch eine Viertelstunde. Ich habe einen Geschäftsgang!

GEHILFE *von innen:* Nicht 'ne Minute länger!

PADUK *zu sich:* Hier geht ja doch alles abwärts! *Nach Frau Hogge nach rechts. Beide verschwinden in der roten Tür. Sofort darauf Klavier drinnen. Ein Mädchenschrei. Tanzgeräusch.*

9

PADUK *kommt von rechts heraus. Die Haare etwas verwüstet, die Kleidung in Unordnung, aber die Kasse unterm Arm:* Jetzt kann der Esel recherchieren. Ich werde ihm selbst Auskunft erteilen. *Bleibt am Tisch stehen.* Lind! Wo stecken Sie denn wieder?

GEHILFE *kriecht heraus:* Herr Paduk?

PADUK Wollen Sie jetzt wieder bleiben?

GEHILFE Eben nur unter der Bedingung, daß . . .

PADUK So können Sie gehen! Sie sind entlassen! *Vor Triumph erstickt:* Scheren Sie sich! Sonst schmeiß ich Sie raus! Sie Aus-
beuter! Lump! Verkommener Schuft!

GEHILFE Das sollen Sie mir büßen. Ich decke Ihre Vergangenheit
auf!

PADUK Machen Sie das! Sagen Sie: Ich bin Bordellbesitzer. Sagen
Sie: Ich verdiene täglich hundert Mark. Laufen Sie und sagen
Sie es allen, die noch was zwischen den Schenkeln haben. Fort
mit Ihnen!

GEHILFE *ab:* Schuft!

PADUK *summt die Klaviermelodie:* Na, um die Sache rauf zu
bringen *er steigt auf den Tisch und nimmt das Schild herunter,*
könnte man eventuell ein Kino für Aufklärungsfilme ein-
bauen, für den die polizeiliche Genehmigung ohne weiteres zu
haben wäre. Davon könnten wir noch – durch unsere Beziehungen ungeahnt emporblühen. So, das wäre erledigt. Es
kommt nur auf Ideen an. *Er nimmt das Schild von dem Ein-
gang. Schaut sich um. Grinst.* In spätestens zwei Wochen beginnt das Geschäft wieder. Heut waren schon wieder die ersten
Besucher da. *Drückt auf einen Knopf, daß das Licht erlöscht.
Geht langsam, summend, mit der Kasse nach rechts und verschwindet in der roten Tür.
Klaviermusik und Tanzgestampf.*

Der Fischzug

Personen

Der Fischer · Seine Frau · Erster Mann
Zweiter Mann · Die sechs Fischer
Der Bettler · Das Bettelweib

Eine Fischerhütte. Hintergrund: Links ein Fenster mit Musselin-
vorhängen. Rechts davon, ziemlich in der Mitte, ein Bett mit Vor-
hängen. Rechts davon die ziemlich schwere Holztür, quadratisch.
In der Mitte des Zimmers steht ein großer Holztisch. An der lin-
ken Seitenwand ein Ledersofa, darüber ein Netz. Rechts eine Tür.

Braune Nacht. Im Bett liegt die Frau des Fischers.

FRAU *schwer schlafend, spricht im Schlaf, sich wälzend:* Tom . . .
   Tom! Laß mich! . . . *Wacht auf, setzt sich im Bett.* Es muß
   schon lang 12 gewesen sein. Er ist immer noch nicht da . . . Er
   hat heut noch gar nichts gefangen und jetzt säuft er . . . O . . .
   Legt sich wieder. Oah . . . *Schläft ein.*
   Stille. Dann Poltern an der Tür.
FISCHER *von außen:* He! Aufgemacht!
DIE FRAU *fährt empor:* Tom! *Aus dem Bett, zur Tür, mit einer*
   Kerze, öffnet, prallt zurück.
   Der Fischer schwankt herein, auf zwei Männer gestützt.
FISCHER *bös:* Warum . . . geht das Tor . . . nicht auf ? . . . Wenn ich
   heimkomme!
FRAU *nimmt was um:* Ich hab geschlafen.
FISCHER Das Tor muß immer auf sein, zum Teufel. Sonst kann ja
   kein Mensch rein.
FRAU Wenn ich doch schlaf!
FISCHER Von jetzt ab ist es auf. Punktum! *Schwankt zum Tisch.*
DER ERSTE MANN Er hat ein wenig zu viel, Frau. Aber zu dritt ka-
   men wir ganz gut heim.
FRAU Bist du's, Munken? Er ist also wieder voll wie eine He-
   ringstonne, aber seine Tonnen, die sind leer.
FISCHER Das mußt du nicht sagen. Wenn ich saufe, kommen mir
   die besten Gedanken.
FRAU Da können wir runterbeißen.
FISCHER Da hat man keinen Hunger, wenn man gesoffen hat,
   siehst du.
ZWEITER MANN Du solltest dich in die Klappe schmeißen!
FISCHER Der ist noch mehr besoffen. Wenn er sich hinsetzt,

schläft er ein. Er verträgt nichts. Er ging so krumm wie eine Jolle unter scharfem West. Er trinkt Kaffee mit.

FRAU   Muß ich wieder an den Herd, mitten in der Nacht!

ERSTER MANN   Nicht wegen mir, Frau.

FISCHER   Soll ich am Morgen kommen? Marsch, in die Küche! Und heiß!

FRAU   *ab nach rechts:* Daß du einmal verreckst an deinem Saufen!

ERSTER MANN   Sie hat's nicht wie im Paradies.

FISCHER   Niemand hat's so. Ich bin verdammt schläfrig. Frau!

FRAU   *kommt zurück:* Schreist du schon wieder?

FISCHER   Wasch mich!

FRAU   Mitten in der Nacht?

FISCHER   Wa-schen! Wenn ich die Augen zumache, ist der Himmel rosen-rot. Wie im Himmel, nur stößt es einem auf.

FRAU   *wäscht seinen Kopf mit Wasser; er nickt fast ein.*

ZWEITER MANN   *grinst:* Sie ist aus dem Bett gekrochen.

ERSTER MANN   Das sieht man.

ZWEITER MANN   Dann sind sie wie verbalgte Katzen.

ERSTER MANN   Dürr ist sie nicht.

ZWEITER MANN   Er ist ein ganz verflucht dummer Affe!

FISCHER   Zum Teufel! Jetzt hab ich meine Pfeife drüben lassen. Frau, hol sie!

FRAU   Im Hemd?

ERSTER MANN   Man könnte ja mal rüberschauen.

ZWEITER MANN   Das könnte man.

ERSTER MANN   Soll ich mal rüber?

ZWEITER MANN   *zur Frau:* In der Nacht sollst du nicht hinüber!

ERSTER MANN   Die würden die Augen aufreißen!

ZWEITER MANN   Ich lauf mal!

ERSTER MANN   Ich wäre auch rübergelaufen.

   Keiner geht.

FRAU   Sie lachen mich alle aus drüben.

ZWEITER MANN   Da geht man eben hinüber!

ERSTER MANN   Einer von uns kann ganz gut mal schnell rüber.

ZWEITER MANN   Es ist ja kein so großer Weg, das!

ERSTER MANN   Wegen dem brauchst du nicht im Hemd da hinüber.

ZWEITER MANN   Das duld ich durchaus nicht.

ERSTER MANN   Ja, er läuft mal rasch rüber. Das können wir nicht dulden.

FISCHER Aber zum Kaffee mußt du wieder da sein, Jürgen!

ZWEITER MANN Gleich! *Geht widerstrebend ab.*

FRAU Auf den Kaffee könnt ihr warten. Er kocht gleich.

MANN Danke, ich bin nicht kalt.

FRAU Du kannst's doch auch brauchen.

MANN Ich sehe noch klar.

FRAU Dann mach die Augen zu, du.

MANN Das Licht ist zu schlecht.

FRAU Jetzt schläft er fast.

MANN Er ist zu besoffen.

FRAU Er ist ein Schwein.

MANN So kommt man nicht heim.

FRAU So kommt er immer heim.

MANN Aber du schaust gut aus ...

FRAU Ich hab nur ein Hemd an ...

MANN Das macht nichts.

FISCHER *auffahrend:* Mach doch zu! Das Wasser ist viel zu kalt. Mach den Kaffee. Was macht nichts?

FRAU Daß das Wasser kalt ist.

FISCHER Hinaus, du Henne!

FRAU Aber der Jürgen ist für mich hinübergegangen.

MANN Ich wollte dableiben.

FRAU *lacht, ab.*

FISCHER Jetzt mault sie wieder, weil sie raus muß. Als ob ich ein Tier wäre! Die reine Faulheit! Es sind alles Schlampen!

MANN Jetzt gehe ich.

FISCHER Hast du noch nicht voll?

MANN Es dreht mich.

FISCHER Setz dich!

MANN Dann schlaf ich ein!

FISCHER Daß ihr nichts vertragen könnt, ihr! Ihr treibt zu viel Unzucht, das schwächt ab! Ich kann alles vertragen.

MANN *nach rechts, unter der Tür:* Es war wohl recht hübsch warm im Bett?!

FRAU Daß man da raus muß!

MANN Halbnackt!

FRAU Wegen dem Schnapsschwamm!

MANN Und der kalte Kachelboden in der Küche!

FRAU Es ist ein Kreuz!

MANN Zu den warmen Füßen!

FRAU Daß ihr euch immer besauft!

MANN Ich habe keine Frau, darum tue ich es.

FRAU Und wenn du eine hättest?

MANN Dann wäre alles anders!

FRAU So meint man immer.

MANN Ich bin nicht so. Ich bin auch nicht betrunken.

FRAU Könntest du mir noch die Pfanne halten?

MANN So betrunken bin ich nicht.
Geht in die Küche.

FISCHER *hebt den Kopf von der Tischplatte:* Der Kopf brummt. Das ist ein Karussell. Und die verfluchte Kerze! Munken! Der hat das Maul wieder voll Schnaps! Der Kerl sauft auch wie ein Loch. Als ob das nichts kostet ... Wo ist denn der Kerl wieder! Aha! Gottsted, ich muß, ich muß hell werden. Aufstehn! Stillgestanden! Rechts kehrt, marsch! *Geht nach links hinten zu einem Schaff Wasser.* Rumpf beugt! Hechtsprung! *Taucht den Kopf ein. Brr! In der Küche fällt eine Pfanne.* Hallo! Da ist was! *Er geht mit hängendem, tropfendem Schopf gebückt nach rechts und lauscht. Geht dann torkelnd weiter, nach links zurück.* Frau!

FRAU *kommt, etwas zu rasch:* Was ist? Was ist denn schon wieder?

FISCHER Deinen Schurz her! Rasch! *Stampft auf.*

FRAU Wo hast denn du deinen Kopf hineingetaucht? Das war das Spülicht!

FISCHER Dafür ist er klar. Schurz!

FRAU *nimmt einen Schurz vom Kleiderhaken, wischt ihn damit. Nach rechts:* Laß nicht überlaufen, Munken!

FISCHER So. Jetzt Beine! Kaffee! Geht es wieder bis morgen früh?! Ohne Tritt in den Arsch kocht er wohl nicht? *Er bindet der Frau den Schurz um.* Und so laufst du rum! Soll ich den Pastor holen? Jetzt: Marsch! *Er gibt ihr einen Tritt, sie geht nach rechts ab. Er setzt sich an den Tisch, denkt nach.* Es lauft nicht über! Der Kerl besoffen wie ein Affe. Das Mensch halbnackt. Ich schlafe ein, auf jeden Fall. Schlafen! Ob das Mensch hin ist oder nicht! Schlafen! Wo kein Licht ist, kriechen die Viecher zu. Und in meinem Haus! Schmeiß ich ihn raus, Riegel zu, geht der Riegel auf, und das Pack wälzt sich. Laß ich sie

nicht hier aufeinander, läuft sie fort, und ich seh nichts. Kreuz!
Pack! Schlafen ist das beste!

FRAU *bringt Kaffee:* Da, sauf!

MANN *hinter ihr:* Das tut gut!

Sie trinken Kaffee.

FISCHER Setz dich! Da! Du, hol das Netz!

FRAU Was willst du mit dem Netz!

FISCHER *haut auf den Tisch:* Wird's bald!

MANN Jetzt in der Nacht!

FRAU *holt es:* Willst wohl fischen jetzt?

FISCHER Fisch, hahaha!

FRAU Hast den ganzen Tag nichts gefangen! Nur gesoffen! Das
hast du!

FISCHER *triumphierend:* Wenn ich saufe, kommen mir die besten
Gedanken! Wenn ich saufe, fisch ich. Flick das Netz!

FRAU Jetzt in der Nacht? *Fängt mit dem Flicken an.*

FISCHER *haut auf den Tisch:* Jetzt in der Nacht!

MANN Das ist schlecht. Jetzt muß niemand was anderes tun als
schlafen! Hast du keinen Schlaf nicht?

FISCHER Wie einer, der gesoffen hat. Bist du fertig?

MANN Sie saufen noch drüben!

FISCHER Es ist Johannis!

MANN Sie sollten schlafen.

FRAU Wie rechte Leut ...

FISCHER Wie wir! Wenn man sich so hineinlegt und losläßt, da
ist noch ein Loch, Frau, und schwer wird wie ein Ankerhaken
und sinkt, Faultier, und nichts mehr weiß und so voll ist und
einem alles gleich ist ... Bist du fertig?

MANN *steht auf:* Ich merk's, jetzt bin ich auch schwerer. Vielen
Dank auch für den Kaffee. Schlaf gut! *Geht ab.*

FRAU Gut Nacht, Munken! Dank auch, daß du den versoffenen
Lumpen heimgebracht hast!

FISCHER *haut auf den Tisch:* Aufgeräumt!

FRAU Morgen ist auch ein Tag!

FISCHER Faulheit! Marsch in die Küche! Aufgeräumt! Abge-
spült!

FRAU *nimmt die Kerze:* Oahh, ich hab Schlaf in den Knochen!

FISCHER Die Kerze dagelassen! Marsch! *Frau ab.* Unterm Tisch
sind Füße. Prost! Den Kaffee bezahlt das Schwein! Hat er's

gerochen, daß an den Füßen Schenkel sind und so weiter, immer so weiter, stark die Hand, laßt nicht los, so kommt ihr schon ins gelobte Land! Mahlzeit! *Steht auf, nimmt das Netz, geht hinter und tut, während er Folgendes vor sich hinbrummt, dies: Er befestigt das Netz in dem Alkovenbett, holt einen schweren Ankerstein und wälzt ihn auf die Bettkante unten. Das alles ist undeutlich zu sehen, jedoch muß er einmal aufs Bett steigen dabei:* So, das paßt so und das so und jetzt Mahlzeit und gute – Verrichtung, meine – Lieben! Unzucht treiben! ... Saufen! ... Schlauer sein wollen! ... Jung wie Katzen! ... *Steigt herunter.* Und jetzt tunke ich meinen Kopf noch in den Trog und dann wird geschlafen ... *Geht torkelnd hinaus.*

Die beiden Männer kommen herein.

DER ERSTE Wir können ganz gut zusammen heimgehen! Zwei sind stärker als einer.

DER ZWEITE Jetzt habe ich die Pfeife geholt und du hast deinen Willen gehabt.

DER ERSTE Aber der Kaffee ist getrunken.

DER ZWEITE Ich weiß nicht, ob das nett von dir war, daß du meinen Kaffee getrunken hast, solang ich in der Nacht herumgelaufen bin, daß du dableiben konntest.

ERSTER Gern hast du es nicht getan.

ZWEITER Ich bin zweimal hingefallen.

ERSTER Du hättest nicht so viel trinken sollen!

ZWEITER Oder nicht hinübergehen!

ERSTER Du bist zu jung dazu!

ZWEITER Darum ging ich. Ich dachte: die alten Leute sind körperlich nimmer so rüstig.

ERSTER Gehen wir! Hier ist niemand!

ZWEITER Ich muß noch adieu sagen!

ERSTER Du kannst die Pfeife auch daher legen!

ZWEITER Aber adieu sagen kann ich nicht da!

ERSTER Du störst nur. Sie wollen allein sein!

ZWEITER Sie sind noch nicht im Bett!

ERSTER Mann und Frau!

ZWEITER Also jetzt hab ich's satt: Du fischst mir zuviel in dem Boot!

ERSTER Das verstehe ich nicht.

ZWEITER Ich will's dir ausdeutschen: Mir gefällt sie auch.

ERSTER Wer?

ZWEITER Mach mich nicht wild, Munken.

ERSTER Schäm dich! So ein junger Hund!

ZWEITER Und ein Mann in deinen Jahren!

ERSTER Sie ist treu.

ZWEITER Wo?

ERSTER Im Herzen.

ZWEITER Aber uns gefallen die Schenkel.

ERSTER Da rede ich nimmer mit. Das ist zu unzüchtig.

ZWEITER Also, ich will einfach auch ran.

ERSTER Ich sag es dem Mack!

ZWEITER Ich schlage dir das Dach ein!

ERSTER Versuch es!

ZWEITER Feigling!

ERSTER Großmaul!

ZWEITER Schlechter Kerl!

ERSTER Grasaff!

Sie balgen sich.

FISCHER *tritt ein, mit vorhängendem, triefendem Schopf:* Was
ist's mit euch? Ihr seid schweinemäßig besoffen! In meiner
Hütte! Ich würde euch das Loch zeigen, wenn ich nicht so
müde wäre.

Die beiden lassen ab.

ERSTER MANN Er hat angefangen!

ZWEITER MANN Lügenmaul!

FISCHER *legt sich aufs Ledersofa.*

ERSTER MANN Komm mal heraus!

ZWEITER MANN Das kannst du haben.

ERSTER MANN Gute Nacht, Mack!

ZWEITER MANN Schläfst du schon? Jetzt zeigt es sich, wer hin-
aufkommt.

Beide ab. Stille. Das Meer rauscht von weitem.

FRAU *tritt in die Tür:* Mann! Mann! Das schläft! *Dehnt sich.*

FISCHER *halb im Schlaf:* Das Fenster zu! Die Saumusik!

FRAU *schließt das Fenster:* Warum liegst du auf dem Sofa?

FISCHER Maul – halten! . . .

FRAU Zu faul zum Hosenausziehen! So ein Tier! Es dehnt sich!
Er schläft schon! Aber jetzt wacht er nimmer auf. Und das

Bett haben wir ja auch! Bei dem fehlt's oben! Er ist selber
schuld! Bin ich ein Stück Vieh? *Setzt sich aufs Bett.* Jetzt ist es
zwei Uhr. Um vier wird es hell. Der schläft aber bis elf. Aber
dann sieht man die Tür! Und die andern gehen fischen, sind
nicht so. Soll ich nichts haben? Jetzt schläft er! *Nimmt die
Kerze, stellt sie ins Fenster.* Wo er nur bleibt! Wenn er eingedu-
selt ist! Ganz leer war der auch nicht! Jetzt kommt er! Aber
was macht er denn fürn Lärm! Jesus Maria! Was macht er
denn fürn Lärm! *Man hört Keuchen und Ringen. Die Frau
schaut hinaus.* Der Jürgen, um Gottes willen! Und jetzt raufen
sie! Lieber Herr Jesus, hilf! Vater unser, der du bist im, jetzt
hat er ihn, Gott sei Dank! *Schreit auf.*

DER ERSTE MANN *stürzt ins Fenster:* Hallo, du!

FRAU Was willst denn du?

MANN Das ist dumm gefragt!

FRAU Ich darf doch fragen, was du in meinem Fenster tust!

MANN Warum hast du denn das Licht hingestellt?

FRAU Daß du weißt, daß er jetzt schläft.

MANN Du hast gesagt, du stellst das Licht hin, wenn er schläft.

FRAU Und jetzt schläft er.

MANN Und jetzt komme ich.

FRAU Das hab ich nicht gesagt.

MANN Warum soll ich es dann wissen?

FRAU Weil du gesagt hast, du hast Angst, er haut mich.

MANN Hat er dich nicht gehaut?

FRAU Warum denn?

MANN Weil du so in die Küche bist!

FRAU Er war doch besoffen!

MANN Warum stellst du dann das Licht ins Fenster?

FRAU So mach doch! Man sieht dich ja!

MANN *klettert vollends hinein:* Na also! Mit euch soll sich einer
auskennen! *Nimmt das Licht.*

FRAU Was ist mit dem andern?

MANN Er hat eine über die Ohren bekommen.

FRAU Und jetzt?

MANN Ist er zufrieden.

FRAU Wenn es ihm nur nichts gemacht hat.

MANN Hm.

FRAU Willst du nicht herkommen? Da ist Platz!

MANN *leuchtet herum:* Gleich!

FRAU Er hat sich auf das Sofa gelegt!

MANN Sollen wir nicht hinaus?

FRAU Jetzt nicht! Man sieht uns! Was tust du denn noch?

MANN *leuchtet dem Fischer ins Gesicht:* Ob er schläft . . .

FRAU Ja, ja. Du weckst ihn ja wieder.

MANN Wenn wir hinausgingen . . .

FRAU Gefällt es dir nicht hier?

MANN Du gefällst mir!

FRAU Findst du da herüber?

MANN Warum nicht?

FRAU Dann kannst du die Kerze sparen! *Zitternd:* Sie muß auch
morgen früh noch langen!

MANN *löscht das Licht, tappt:* Er ist sternhagelbesoffen!

FRAU Auf dem Sofa!

MANN Nicht im Bett! Sind es deine Knie?

FRAU Ja. Gib doch acht! Setz dich daher!

MANN Er ist völlig besoffen.

FRAU Wie ein Tier ist er.

MANN Ist das deine Hand?

FRAU Warum besauft er sich so!

MANN Daß ich ihn heimschleppen muß!

FRAU Und ich aus dem Bett!

MANN War es warm?

FRAU Ich hab gewartet.

MANN Im Hemd . . .

FRAU Den ganzen Tag hat er nichts gefangen.

MANN Man könnte für ihn Legangeln legen, hm?

FRAU Er ist ein Schwein, sage ich.

MANN *mühsamer, wie sie:* Ist das deine Brust?

FRAU Laß mich!

MANN Tut es weh?

FRAU Laß mich, du!

MANN Du hast das Licht hingestellt!

FRAU Aber das – darfst du nicht.

MANN Nach dem 6. Gebot.

FRAU Du riechst nicht aus dem Maul nach Schnaps!

MANN Ich bin anständig.

FRAU Laß meine Knie!

MANN Jetzt liegst du bequemer!

FRAU Au!

MANN Tu das doch weg!

FRAU Tu's selber!

MANN So! Jetzt ist es bequemer.

FRAU Nein! Nicht!

MANN Laß doch das Gezappel!

Der Stein fällt mit sehr großem Krach zu Boden. Die Frau schreit leis auf, der Mann flucht, dann liegen beide sehr still.

DER FISCHER *hebt den Kopf:* Da fällt der Himmel ein! Holla! Das soll ihr teuer zu stehen kommen! Mich zu wecken! *Er steht auf, zündet das Licht an.* Lang haben sie das Licht nicht gebraucht. Schweine! *Zum Bett.* Mahlzeit, Munken! Bist du hier? Bist du so besoffen? Das schickt sich! Läuft es jetzt über? Hahaha! Schweine! – Das ist ein Fischzug! Das ist der Himmel! Den Guten gibt es der Herr im Schlaf, Munken! *Geht zum Fenster.*

MANN *flucht, wälzt sich:* Teufel! Das ist ein Netz!

FISCHER Das hast du doch noch gemerkt! Gib dir keine Mühe! Es hält! Sie hat es geflickt! Und heut hab ich noch nichts gefangen! Ich hatte so Schlaf! *Trommelt aufs Fensterbrett.* Hallo! Fische! Fische! Hier gibt's was zu sehen, Jungens! Kommt mal rüber! Hier gibt's was! Ich hab was gefangen, in Christo Geliebte!

STIMMEN Rappelt's bei dir? – Was gibt's?

FISCHER Fische! Fische!

STIMMEN Bist du besoffen?!

FISCHER Kommt rüber! Fische!

MANN Zum Teufel! Das ist deine Schande!

FISCHER Das war meine Schande, Munkchen! Fische! Fische! *Geht zur Tür.*

DIE FISCHER *dringen ein:* Was ist? – Warum machst du solchen Lärm? – Hast du ein Kleines gekriegt? –

FISCHER Es ist etwas vorgefallen. Ich habe Fische gefangen.

DIE ANDEREN *strecken die Köpfe vor:* Hier? – Vorhin warst du noch besoffen wie ein Schwamm!

FISCHER Ich war zu besoffen. Darum konnte ich nicht hinaus. Ich habe hier gefischt!

DIE ANDEREN Er ist über hinüber! Wo ist seine Frau? Mit der kann man ein vernünftiges Wort reden!

FISCHER Meine Frau ist nimmer da. Ich bin so besoffen, daß ich glaube, sie hat sich in einen Fisch verwandelt. Hört ihr den Wind? Das ist der liebe Gott, der im Wetterbrausen kommt! Gehe hinaus, sagt er, so wirst du einen großen Fang machen!

DIE ANDEREN Man muß ihm Wasser übern Schädel tun! Das ist das Delirium.

FISCHER *schreit, weggehend, bisher hat er die Aussicht versperrt:* Fische! Fische!

DIE ANDEREN *dringen vor:* Ist sie tot? Ist es eine Leiche? Da ist noch einer dabei. Das sind zwei. Ist es eine Leiche? *Alle lachen.* Da ist 'n Netz drüber! Das ist Munken und die Frau!

DER ERSTE MANN *aus dem Netz im Bett:* Zum Teufel, tut das Ding weg! Zum ... Teufel ..., tut wenigstens ein Tuch über uns!

DIE FISCHER *lachen schallend:* Gewohnheit, sagte die Frau zum Aal, da zog sie ihm die Haut ab. – Wie du mir, so ich dir, sagte die Frau zum Mann in der Brautnacht. – Das war eine hübsche Sache, dich da hinzulegen, Junge. – Da liegst du weich. Es war wohl schwer, da hinzukommen?

FISCHER Ich wette: Er zahlt einen Kübel Schnaps für euch alle, wenn er hinaus darf.

DER ERSTE MANN Einen Kübel Schnaps, alter Teufel, aber ein Tuch muß her!

DER FISCHER *zu einem:* Hol den Schnaps, Junge, sonst reut es ihn! Nehmt die Fische auf, Jungens, und werft sie in den Sund, Jungens, daß sie abkühlen. Nehmt die Stange da, tragt sie mit Vorsicht, tragt sie kirchlich, singt ein schönes Lied! Das gibt es nicht alle Tage!

DIE FISCHER *hängen das Netz an eine Stange und tragen die beiden zu zweit hinaus unter großem Gelächter:* Macht euch leicht, Kinder! Wälzt euch nicht zu heftig! – Unterbrecht eure Arbeit! – Wenn du wiederkommst, bist du besser als ein Furz, der kommt nicht wieder.

DER FISCHER Blanke Fische! Schöne Fische! Dicke, fette, zappelnde Fische! Laßt sie schwimmen, ich will sie nicht! Gebt ihnen die Freiheit, ich verzichte! Aber es war ein großer Fang. Und ihr sollt alle dableiben. Denn jetzt lade ich euch ein zu einem Leichenschmaus. Meine Frau ist mir gestorben, es war eine gute Haut! Also trinkt Schnaps, den der Liebhaber bezahlt hat, und seid fröhlich, weil es mir schlecht geht! Setzt euch zu mir und vertreibt mir den Kummer!

Die Fischer setzen sich. Der Schnaps wird im Bottich gebracht. Einige singen. Es wird Karten gespielt.

DER FISCHER *zündet Lichter an:* Die Kerzen in den Trinkbechern, das sind die Totenlichter. Blast sie nicht aus, wenn ihr lacht! Der Tisch steht in einem Trauerhaus, biegt die Köpfe ein wenig weg, wenn ihr euch kotzt! Hier stelle ich die Gläser von der Wirtschaft her, denn meine Frau ist gestorben, ich weiß nicht, wo die Gläser sind.

Wind geht. Die Fischer singen.

DER ERSTE   Wind kommt auf. Es wird kühl draußen. Trinkt, dann wird euch warm!

DER ZWEITE   Das war zum Platzen heut abend! Wie die beiden zappelten, war nicht so schön, als sie dann still lagen und es nicht gewesen sein wollten, und dann guckten sie in das Linnenzeug, wo niemand stand. Hahaha!

DER FISCHER   Ich bitte euch, laßt das Gelächter in einem Trauerhaus. Könnt ihr nicht ein wenig still saufen? Merkt ihr nicht, ich will unter den Tisch?

DER DRITTE   Es war eine gute Frau, wahrhaftig, sie hielt dich aufrecht. Sie wusch dich und kämmte dich und nahm die Fußtritte.

DER ERSTE   Was fürn Wind geht! Hört nur, was für ein Wind geht!

DER VIERTE   Trink lieber! Was geht dich der Wind an.

DER DRITTE   Sie sah gut aus in dem Hemd, das sag ich dir!

ZWEITER   Das war das Totenhemd, du!

ERSTER   Wie sie das Hemd vorn oben zuhielt und sich an den Munken hinschmiegte, daß man nichts sah, da warst du schuld, Mack.

VIERTER   Es ist keine rechte Stimmung da, trotz dem Branntwein und der schönen Geschichte am Anfang.

Die zwei Fischer kommen zurück. Fünfter und Sechster.

FÜNFTER   Es gab einen großen Klatsch.

SECHSTER   Das gehörte ihnen.

FÜNFTER   In deinem Bett, das war eine Frechheit!

SECHSTER   Da ist das Netz. Sie schrien ordentlich.

FÜNFTER   Aber warum sagt ihr denn nichts. Das ist ja wie bei einem Begräbnis!

SECHSTER Und dabei ist Branntwein da und die Frau fort!

FISCHER Setzt euch, aber laßt das Geschwätz. Meine Frau ist gestorben! Jetzt geht der Wind, und wenn er aufhört, ist sie nimmer da. Sie war eine gute Frau, und Gott hat sich die Beste ausgesucht. Der Wind geht, horcht darauf, trinkt, sagen wir: Meine Frau ist im Wind ertrunken.

ZWEITER Laß es dir nicht so nah gehen! Es war eine Dummheit!

VIERTER Sie hätte es nicht in deinem Bett machen sollen.

FISCHER Mich hat Gott bestraft! Ich habe zuviel getrunken! Es war meine beste Frau. Der Wind ging und da ging sie im Boot unter! Trinkt und betet einen Rosenkranz für sie und ihre Seele! Gegrüßt seist du, Maria voll der Gnaden, der Herr ist mit dir. Herr, gib ihr die ewige Ruhe. *Er betet allein.*

FÜNFTER Das ist Unsinn. Das ist Gotteslästerung.

SECHSTER Er ist besoffen.

DRITTER Zuviel ist zuviel, sagte der Mann und schlug seine Frau tot.

ZWEITER Hättest du dich selber hineingelegt! Es hat nur einer Platz.

VIERTER Oder hättest du sie tüchtig durchgeprügelt! Aber jetzt ist es eine Schande!

DRITTER Es ist unsittlich.

FISCHER Ist es unsittlich? Ihr seid unsittlich! Ich bin von Gott geschlagen, und ihr verspottet mich! Wer hat hier seine Frau verloren? Ich bin ein großer Sünder, ein Säufer, ein verkommener Lump, aber nun hat der Herr mich bestraft und niemand darf über mich lachen.

DIE FISCHER *stehen auf:* Er ist wahnsinnig geworden... Wir gehen. Den Schnaps nehmen wir mit. Es ist eine arme Frau und dem Säufer ist recht geschehen. Sie kann immer wieder so einen haben.

FISCHER Das ist lästerlich gesprochen. Wo ist ein Mann, dem solches zugestoßen ist? Ihr habt keine Scham, ihr seid Kleingläubige! Ich bin traurig bis auf den Grund meiner Seele! *Trinkt.*

DIE FISCHER Nehmt ihm den Bottich weg und geht in die Wirtschaft. Er ist schwachsinnig geworden!

DER FISCHER *steht auf, umarmt den Bottich:* Das ist ein Leichenschmaus und ihr seid die Gäste. Aber jetzt seid ihr betrunken, und schwatzt Schlechtigkeiten! Ihr sollt euch schämen für eure armen Seelen!

DIE FISCHER *wollen ihm den Bottich entreißen:* Laß los, alter Lump! Gib den Bottich her! Wir schlagen dich tot!

DER FISCHER Die Geilheit ist euch auf der Stirn gestanden, wie ihr die Viecher gesehen habt, und der Neid hat euch aus den Zähnen getropft, wie ihr sie hinausgetragen habt! Ihr seid Lumpen! Ihr seid verkommen! Ihr seid verkommen!

DIE FISCHER *drängen zur Tür:* Der Herr behüt uns: Er ist toll! – Das spinnt er, er hat alles nur geträumt! – Mich schaudert's, ich will nichts mehr saufen. – Laßt ihn da liegen bei seinen Kerzen. Vielleicht tut Gott ein Wunder und er ersauft vollends im Bottich! *Ab.*

DER FISCHER *bläst die Lichter aus, bis auf drei. Stößt mit den Füßen die Stühle fort. Starrt vor sich hin.*

DER ZWEITE MANN *im Fenster links:* Du!

DER FISCHER *fährt herum:* Wer ist's? Du bist's! Komm herein! Meine Frau ist gestorben!

DER ZWEITE MANN *klettert herein. Er hat ein blutendes Gesicht:* Bist du besoffen?!

FISCHER Hörst du den Wind? Sie ist ertrunken.

DER ZWEITE MANN Wann?

FISCHER Vorhin.

DER ZWEITE Woher weißt du es?

FISCHER Gott weckte mich auf. Da lag meine Frau tot im Bett. Sie sah aus wie ein Fisch, hörst du. Aber trink mit mir. Ich bin soo einsam!

DER ZWEITE Ich verstehe dich nicht. Es ist etwas grausig hier. Gehört der Schnaps dir?

FISCHER Ja. Trink! Den hat der Liebhaber gestiftet!

ZWEITER Hatte sie einen Liebhaber?

FISCHER Eine Menge. Aber Schnaps kriegte ich nur vom letzten.

ZWEITER Sitzt du schon lange allein hier?

FISCHER Nein. Es war jemand da. Sie lachten und dann gingen sie fort. Sie haben meine Schande gesehen und erzählen sie jetzt überall.

ZWEITER Mir wird's unheimlich. Ich muß gehen.

FISCHER Warum hast du das Blut im Gesicht? Hat dich auch einer geschlagen?

ZWEITER Ich fiel unglücklich. Weil ich getrunken hatte.

FISCHER Du bist mein einziger Freund, weil du auch Unglück

gehabt hast. Mich hat Gott selbst heimgesucht. Ich hätte ihm mein Herz gegeben und gesagt: Nimm's. Aber er hat mein Weib genommen, das mir lieber war. Jetzt trinke ich und verkomme. Das ist seine Schuld.

ZWEITER Wann war das?

FISCHER Vorhin. Wenn mich Gott am Ende der Tage fragt: Du bist so verkommen, wo soll ich dich hintun? Dann sage ich: In die Hölle, daß ich zu meinem Weib komme!

BETTLER *in der Tür, hinter ihm ein Bettelweib:* Komm! Gibt es hier den Branntwein? Sie sagten: Hier kann man Branntwein haben.

FISCHER Kommt herein und setzt euch. Es ist ein Leichenmahl. Meine Frau ist gestorben. Ich freue mich, daß ihr mir die Ehre gebt.

BETTLER *und Bettelweib setzen sich:* Es war wohl eine gute Frau?

FISCHER Von Toten sagt man nur Gutes. Trinkt!

BETTLERIN Draußen geht Wind. Hier ist es warm.

BETTLER Der Schnaps ist gut. Das ist sehr traurig, wenn man eine Frau verliert.

FISCHER Man ist ganz allein. Aber es sind lauter Tiere! *Haut auf den Tisch:* Tiere! Als ich den Kopf ins Wasser tunkte, kam mir der Gedanke mit dem Netz. Ich sah zu den Sternen hinauf und dachte: Das hilft.

BETTLER Es ist, als ob der Geist aus dir spricht. Das ergreift einen ganz. *Trinkt viel.*
Beide im folgenden nach links hinten aufs Sofa. Ab und zu Kichern und Brummen.

DER ERSTE MANN *rechts in der Tür, trieft von Wasser:* Du, kann ich einen Schluck von meinem Branntwein haben?

FISCHER *visionär:* So bin ich auch unter der Tür gestanden, als ich den Kopf ins Wasser tunkte, Mensch.

DER ERSTE Das ist wahr. Aber du hättest dich nicht betrinken sollen!

FISCHER Du kannst dich hersetzen, mußt aber stille sein! Ich bin nicht mehr zornig. Hat dich der Wind getrocknet, in dem meine Frau ertrunken ist? Setz dich und trink! Es ist alles eitel! *Er redet schwer, betrunken.*

DER ERSTE *tritt an den Tisch.*

DER ZWEITE *steht auf. Sie messen sich:* Trau dich nicht, dich daher
zu setzen!

DER ERSTE *unsicher:* Ich muß mit ihm reden.

DER ZWEITE *kommt vor, schwankt aber bereits:* Soll ich dich nie-
derschlagen? Du Schwein!

ERSTER *trinkt:* Ich bin ganz nüchtern geworden.

ZWEITER *setzt sich:* Und ich schlage dich nieder. Morgen.

ERSTER Ich muß ihm was sagen. *Trinkt.*

ZWEITER Er redet von Gott. Was war denn?

ERSTER Es ist etwas passiert. *Trinkt.*

ZWEITER Gemütlich ist es hier nicht.

ERSTER Was ist das, da hinten?

ZWEITER Trauergäste!

FISCHER *undeutlich:* Gott hat mich heimgesucht. Gott hat mich
aus dem Branntwein aufgefischt. Hört ihr den Wind? Da trieb
ich, in dem Wind!

ERSTER Sie sind etwas schamlos.

ZWEITER Das macht dein Branntwein!

ERSTER Die Frau lauft in der Nacht herum und traut sich nicht
heim. In dem Wind! Er ist wohl sehr zornig!

DER ZWEITE Er ist tüchtig voll!

DER ERSTE *zum Fischer:* Junge, wir sind allesamt Sünder!

FISCHER *umarmt ihn:* Nun ist sie ertrunken und ich bin allein
und niemand ist bei mir.

DER ERSTE *trinkt:* Du mußt sie wieder aufnehmen. *Trinkt immer.
Der Fischer legt den Kopf auf den Tisch.* Ich habe fünf Kinder.
Du mußt sie wieder nehmen. *Zum zweiten Mann, der unter
den Tisch gesunken ist:* Sag es ihm! Er ist ganz betrunken. Mir
ist so schwer ums Herz. *Weint.* Du mußt sie wieder aufnehmen. Alle haben es gesehen. Mir ist so elend.

FISCHER Wir sind allein. Mutterseelenallein. Horcht! Der Wind!
Stille. Wind.

DIE FRAU *steht, ebenfalls triefend, das Netz über der Schulter, in
der Tür:* Ist er noch zornig?

DER ERSTE Er schläft! *Geht schwankend auf sie zu, will sie umar-
men. Sie stößt ihn zurück.*

ERSTER Ich habe für dich geredet.

FRAU Mach, daß du hinauskommst! *Wirft das Netz zu Boden.*

ERSTER Es ist dir nicht gut gegangen . . .

FRAU Geh jetzt heim! *Schiebt ihn hinaus, bis zur Tür, kehrt um, zieht den zweiten hervor, schleift ihn hinaus.* Schwein! Schweine! Hinaus mit euch!

FISCHER *erhebt sich schwer, mühsam:* Es sind alles Tiere. Aber betet. Eine Seelenmesse für ihre Seele! Tiere. Wind. Seele. *Setzt sich, schläft ein.*

DIE BEIDEN *betrunken, gehen zusammen ab, wie früher.*

DIE FRAU *macht das Fenster zu. Schüttet den Bottich aus, wischt mit dem Branntwein die Stube auf. Stößt auf die Bettelleute:* Was ist das für Pack!

BETTLER Arme Leute!

FRAU Hinaus! Habt ihr keine Scham?

BETTLERIN Es ist kalt draußen! Und der Wind!

FRAU *treibt sie mit dem Besen hinaus:* Macht, daß ihr hinauskommt! *Halb zum Fischer hin, während dem Wischen:* Warum hast du so gesoffen? Soll ich Kaffee machen? *Kriegt keine Antwort.* Das Netz hätten sie einfach in den Brunnen geworfen, die Schweine! *Sieht ihn an.* Es schläft. *Löscht die Lichter, nimmt ihn auf den Rücken, trägt ihn zum Bett.*

Prärie

Oper nach Hamsun

Zachäus · Lizzie · Polly, der Koch · Drei Männer

Hofraum einer Farm. Weiße, kahle, plattgedachte Mauern, links seitlich, rechts seitlich und in der linken Hälfte des Hintergrunds. Dort ein Loch als Tür und kleine Fenster: die Küche. Rechts davon Ausblick auf die Prärie.

I

Es ist Nachmittag gegen Abend.

ZACHÄUS *sitzt am Boden und schaut auf den Himmel.*
LIZZIE *wäscht links an einer Bank.*
ZACHÄUS Immer der blaue Himmel, der nur blau ist!
   Immer das verfluchte Gras! Die weiße Mauer!
   Und der Weizen, mit dem wir nie fertig werden!
   Gott, es ist so langweilig!
   Und meine Hand brennt auch, wie soll ich das aushalten!
LIZZIE Denk, es gibt sonst nichts
   als das Gras und den Himmel, der jetzt dann grün wird,
   und die Mauer, in der man schlafen kann
   wenn man gearbeitet hat
   wenn man den Weizen gemäht hat.
   Aber du tust nichts.
ZACHÄUS *empört:*
   Soll ich dir den Finger zeigen? *Hebt ihn im Glas hoch.*
   Ich liege also im Gras auf den Knien, öle die Maschine,
   die Sonne ist scharf und die Brille läuft von Schweiß an.
   Die Pferde ziehen an und ich spüre den Schmerz
   stehe auf und rufe und wir suchen den Finger
   der abgeschnitten ist und er liegt im Gras
   wie eine kleine Leiche.
   Und jetzt habe ich ihn in das Öl getan
   und ich hebe ihn auf, denn er ist von mir.
   Darum kann ich nicht arbeiten.
LIZZIE Schau ihn nicht immer an!
   Der Koch hat eine Zeitung.
   Wenn du Langeweile hast, lies sie!
   Der Koch liest sie alle Abend!
ZACHÄUS Es ist sein Heiligtum!

Er darf es nicht merken!
Aber das tue ich! *Geht in die Küche; kommt wieder, mit der Zeitung.*

2

Der Koch Polly von links. Er sieht Zachäus mit der Zeitung.

POLLY Ist das nicht meine Zeitung?
   Die das Faultier Zachäus hat!
   Hast du so etwas gesehen, Lizzie?
LIZZIE Ihm ist langweilig!
   Da liest er eben die Zeitung.
   Streitet nicht immer!
POLLY Willst du sofort das Blatt hergeben!
   Aus deinen schmutzigen Pfoten!
   Schwarzhaariger Räuber, Hund!
   Hast du jemals einen Soldaten gesehen?
   Oder wie ein Fort innen aussieht?
   Nein, das weißt du nicht, weil du ein Affe bist.
   Aber dann nehm dich nur lieber in acht
   weiß Gott, nimm dich in acht!
ZACHÄUS *wütend:* Und was tust du? Bist du so großartig?
   Du kochst rohes Essen, das niemand fressen kann!
   Brotpudding mit Fliegen drin!
   Du treibst es nicht mehr lange!
POLLY Halt dein Maul! Was verdienst du im Monat?
   Hast du etwa Häuser in Washington
   oder hat deine Kuh gestern gekalbt?
ZACHÄUS *wirft die Zeitung hin:*
   Scher dich zum Teufel und nimm deine Zeitung mit!
   Ich bin ein rechtschaffener Mann und hätte sie wieder
                                          hingelegt!
   Aber es steht so nur Schund drin!
POLLY Du bist ein Räuber und Faulpelz!
   Du kannst überhaupt nicht lesen!
   Du willst dich nur vor Lizzie groß machen!
   Es ist lächerlich: Du und eine Zeitung!
ZACHÄUS *ruhig, drohend:* Jetzt kannst du gehen. *Heftig.*
   Steh nicht da und spuck auf den Fußboden!
   Du schmieriger Hund! *Ab.*

3

POLLY Es sei Schund drinnen! Weil er nicht lesen kann!
  Er hat keine Zeitung! Es ist lächerlich!
  Ich drehe ihm den Hals um, gelegentlich.
LIZZIE Du hättest sie ihm lassen können!
  Jetzt gibt es Feindschaft!
  Du hast ihn beschimpft!
POLLY Habe ich ihn beschimpft? Und warum!?
  Ich kann nicht leiden, wenn er Ihnen imponieren will!
  Lizzie!
  Ich habe Sie immer gern gesehen.
  Nachts stehe ich zuweilen auf, seufze und gehe auf die Prärie,
  So voll bin ich wegen Ihnen.
  Wir könnten fortgehen, ich nehme die Pferde weg.
  Sie könnten mir die Hemden waschen
  und ich arbeite mir die Finger in Fetzen für Sie.
  Und nachts sind wir zusammen
  in San Francisco oder in Boston
  nur weit weg von hier.
LIZZIE Ich will lieber hier bleiben.
  Ich kann auch hier Hemden waschen.
  Und hast du mehr Hemden als eins
  das du auf dem Leib hast?
  Sonst sitze ich in San Francisco oder in Boston
  und du saufst in den Bars herum
  und verspielst dein einziges Hemd!
POLLY Das Trinken kann ich besiegen, mein Engel!
  Wenn du bei mir bist
  muß ich mich nimmer besaufen!
LIZZIE Tun Sie hier Ihre Arbeit!
  Aber ich sage nichts! Denken Sie: Vielleicht!
  Reden wir jetzt nicht mehr davon! *Ab mit dem Schaff.*

4

POLLY *geht in die Küche, traurig:*
  Sie ist so schön, wenn sie erregt ist!
  Und stolz ist sie!

Eine Frau für mich!
Nach und nach mache ich doch Eindruck!
O der dreckige Bursche mit meiner Zeitung!
Aber ich habe es ihm gesagt:
Schwarzhaariger Räuber!
Sie muß Schenkel haben, von denen ihr
euch keine Vorstellung machen könnt! *Ab.*

5

ZACHÄUS *von links mit einem Schaff Wasser. Er zieht sein Hemd*
    aus und wäscht es:
    Es ist ganz steif vor Schweiß, und dann hat es
    die Sonne getrocknet!
    Es ist Pollys Wasser!
    Aber jetzt wasche ich mein Hemd drinnen!
MÄNNER *von der Prärie, in den Hof.*
ERSTER MANN Hallo, Zachäus!
    Wie ist's mit der Hand? Noch geschwollen?
    O er wäscht sein Hemd schon wieder selbst!
ZWEITER MANN Und in Pollys Wasser!
    Regenwasser!
    Er hat Pollys Regenwasser gestohlen!
DRITTER MANN Nimm dich in acht vor Polly, Zachäus!
    Polly ist rachsüchtig!
    Polly hat ein gutes Gedächtnis!
    Und ein Messer unter dem Kopfkissen!
    Die Männer lachen. Sie waschen die Hände.
    Kämmen die Haare. Es wird dunkel.

6

POLLY *aus der Küche:* Jetzt gibt es bald zu essen!
    Ihr bekommt Reis heute!
    Ich bin gut aufgelegt!
    Was ist das für ein Wasser, Zachäus?
ERSTER MANN Das ist ein gutes Wasser, Polly!
POLLY *auf Zachäus zu:*
    Wer hat dir das Wasser gegeben?

ZACHÄUS Ich nahm es.

POLLY *schreit:* Es ist mein Wasser!

   Du, schmutziger Sklave, hast es genommen!

   Du Lügner! Du Dieb! Du Hund!

ZACHÄUS Und die Fliegen im Brotpudding!

   Und wo gingst du vorgestern nacht hin?

   Lizzie hat es erzählt, daß wir uns gebogen haben!

POLLY Ist es nicht großartig von dem kleinen Ferkel!

   Mein eigenes Wasser!

ZWEITER MANN *lachend wie die andern:*

   Ist auch Zachäus' eigenes Hemd, Polly!

ZACHÄUS Nimm du dein Wasser! *Schüttet das Schaff um.*

   Ich habe es benutzt!

POLLY *hält ihm die Faust unters Aug:* Siehst du die?

ZACHÄUS Ja.

POLLY Ich will sie dich kosten lassen.

ZACHÄUS Wenn du es wagst!

   Sie ringen. Die andern lachen. Zachäus fällt.

POLLY Ja, da liegt er nun! Laßt ihn liegen!

   Ein Soldat hat ihn gefällt!

ZWEITER MANN Ich glaube, er ist tot!

POLLY *übermütig:* Meinetwegen!

   Ich überlasse ihn dem Teufel!

   Laßt ihn liegen!

   Ist er etwa der Amerikaner Daniel Webster?

   Kommt her und will mich lehren

   Pudding zu kochen, mich,

   der ich für Generale gekocht habe!

   Ist er Oberst der Prärie, frage ich?

ERSTER MANN Das hast du großartig gesagt, Polly!

ZACHÄUS *steht auf, wie vorher:*

   Komm heran, du Hasenfuß!

MÄNNER *entzückt:*

   Das ist wundervoll! Er sagt Hasenfuß!

   Es geht von vorn an! Ihr müßt tüchtig boxen!

   Zachäus, das ist ein Kerl!

POLLY *lächelnd:* Unsinn! Ich kann mich ja ebensogut mit

                         einem Zaunpfahl prügeln!

   Geht langsam würdevoll in die Küche.

ZACHÄUS *ringt sein Hemd aus, zieht es an.*
DIE MÄNNER *gehen in die Küche. Drinnen ist jetzt Licht zu sehen.*

7

LIZZIE *kommt:* Hat er dich geschlagen, Zachäus?
ZACHÄUS Er ist ausgekniffen!
LIZZIE Er hat so verfaulte Zahnstumpen im Maul.
  Er raucht so scheußlich und säuft
  und dann hat er auch einen so schlechten Charakter!
ZACHÄUS Aber er war bei dir oben in der Kammer!
LIZZIE Ich habe zugeriegelt!
ZACHÄUS Das sagst du!
LIZZIE Bist du eifersüchtig!
  Gewisse Leute sind es auf dich!
ZACHÄUS Keine Ursache! Liebst du mich?
LIZZIE Das ist zu viel gefragt. *Pause.*
  Aber abends ist es oft langweilig. *Pause.*
  Gehst du nie spazieren?
ZACHÄUS Abends bin ich müde von der Arbeit.
  Dann schlafe ich.
LIZZIE Aber jetzt, mit dem Finger!
ZACHÄUS Da gehe ich vielleicht spazieren!
LIZZIE Ich gehe nach dem Nachtessen.
  Dann ist das Gras schön.
  Aber ihr Männer gebt ja nichts darauf!
ZACHÄUS Ich gehe immer nach rechts.
  Da wo das Weizenfeld Nummer 118 ist!
  Da sehe ich, wie weit die Ernte ist!
LIZZIE Heut wird die Nacht schön!
ZACHÄUS Vielleicht freue ich mich darauf!
LIZZIE *abgehend:* Ich bin heute lustig. *Ab.*

8

ZACHÄUS Er hat mich zu Boden geworfen!
  Jetzt muß er es büßen!
  Seine Zeitung liegt im Schlafraum!
  Er ist wie ein Kind!

Sieht die Prärie an.
Jetzt werden die Wiesen heller, da der Himmel dunkel wird
Da fault viel Aas und die Geier finden es nicht
Ich sehe ein Bündel liegen in den Feldern
Das verfault in der Nacht.
Wie ein Bündel Weizen ist es.
Er soll sich in acht nehmen.
Pause. Etwas Lärm aus der Küche.
Rechts die Prärie wird grün und seltsam.

9

POLLY *aus der Küche:*
  Meine Zeitung ist fort!
  Wo ist Zachäus?
  Ich frage, wo Zachäus ist?!
  Weil die Zeitung fort ist!
ZACHÄUS *halb links, im Dunkel:*
  Da bin ich. Ich heiße Zachäus.
POLLY Hast du die Zeitung?
ZACHÄUS Warum fragst du mich?
MÄNNER *aus der Küche:*
  Ist es wieder die Zeitung?
  Erst war es das Wasser, Polly!
POLLY Er hat die Zeitung gestohlen!
ZACHÄUS Ja, ich habe sie.
  Aber jetzt habe ich sie nimmer.
  Ich hatte Verwendung dafür
  Du schmutziges Ferkel!
  Die Männer lachen.
POLLY *schwer:*
  Ich habe ein Messer in meiner Bettdecke.
  Daran mußt du manchmal denken!
  Warte du nur, mein Freund! *Ab.*
DIE MÄNNER *lachen.*
ZACHÄUS Was sagt er da?
  Was ist das für ein Unsinn mit dem Messer?
  Tue ich mein Gesicht weg, wenn nachts die Ratten
                                          drüber laufen?

Bin ich auf dem Boden liegengeblieben?
Tue ich Fliegen in den Pudding?
Aber mach mich nur nicht wütend!
Dann kenne ich mich nicht mehr!
Ich weiß, wo die Gurgeln sind! *In die Küche.*
MÄNNER Jetzt essen wir! Das ist lustig heute!
    Pause.

10

POLLY *kommt heraus:* Das war die Zeitung!
Drinnen stand das große Brandunglück in Chicago.
Es war eine Brandstiftung.
Drinnen stand die Geschichte von den Fenstern der Firma
                                Cuppri und Co.
Drinnen stand die rührende Anekdote von dem
                            armen Dienstmädchen in Frisco.
Geschichten von Schiffen, deren Segel man gebläht sah
und von Häusern, wo Menschen sind, nicht wie hier
und von Messerstechereien und vielem andern,
was verkauft wird und gebraucht und wieviel alles wert ist.
Alles stand darinnen und ich las es.
Wo es hier doch so einsam ist!

11

Lärm in der Küche.
ZACHÄUS *tritt in die Tür:*
Sag mal, Polly, ist dies nicht mein Finger?
Hält etwas in die Höhe.
Und, Polly, ist dies nicht mein Nagel, der am Finger saß?
Sollte ich den nicht wiedererkennen?
ZWEITER MANN Was hast du eigentlich?
ZACHÄUS Ich fand meinen Finger
meinen abgeschnittenen Finger im Essen.
Er hat ihn gekocht.
Er hat ihn mir mit meinem Essen gebracht.
Hier ist auch der Nagel.
MÄNNER *lachen brüllend:*

Er hat deinen eigenen Finger gekocht
und ihn dir zum Essen gegeben?
Du hast ein wenig davon abgebissen?
Du hast die eine Seite abgenagt?
ZACHÄUS Ich sehe nicht gut.
Ich dachte nicht ...
Ich weiß nicht ... *Dreht sich um, geht hinaus auf die Prärie.*
MÄNNER *lachen:*
Hast du seinen Finger gekocht!
Du bist ein Mordskerl!
Das ist zum Totlachen!
Und er hat ihn gegessen! *Gehen wieder hinein.*

12

LIZZIE *zu Polly:*
Das war schlecht! Schäm dich!
Ich hasse dich!
Jetzt gehe ich zu Zachäus! *Ab.*

13

Der Koch geht hinein. Pause. Dann kommen die Männer.
ERSTER MANN Der Abend ist lau!
ZWEITER MANN Es kühlt ab.
DRITTER MANN Wenn ich nicht so müd wäre!
POLLY *von links mit einem Messer.*
ZWEITER MANN Wo gehst du hin, Polly?
DRITTER MANN Was machst du mit dem Messer?
POLLY *ab, auf die Prärie.*
ERSTER MANN Jetzt geht Polly mit dem Messer.
DRITTER MANN Lizzie ist auch fort. Er wird Lauch schneiden!
ZWEITER MANN Lizzie ist ein schmutziges Aas!
ERSTER MANN Aber sonst ist keine Frau hier.
ZWEITER MANN Also ist Lizzie sauber.
DRITTER MANN Sie läßt niemand hinauf!
ZWEITER MANN Aber der Koch war doch droben!
ERSTER MANN Sie sagt nein.
ZWEITER MANN Er weiß Einzelheiten.

DRITTER MANN Horcht, was ist das?

ZWEITER MANN Nichts! Gespenster!

DRITTER MANN Ich meinte, es schösse was!

ERSTER MANN Ich habe nichts gehört!

DRITTER MANN Ich meinte, es schreie wer!

ZWEITER MANN Wer sollte wohl schreien!

ERSTER MANN Du mußt dich getäuscht haben. Es ist alles ruhig.
  Der Weizen ist wie grünes Meer. Jetzt gehen
  wir dann schlafen.

ZWEITER MANN Polly muß uns noch Tee machen!

14

LIZZIE *kommt aufgeregt:* Habt ihr Zachäus gesehen?
  Wo ist Zachäus?
  Er sagte, er gehe zum Feld 118.
  Er ist nicht dort!

ERSTER MANN Wolltest du ihn dort hinauswerfen?
  Wie den Koch?

LIZZIE Man muß ihn suchen.
  Auch Polly ist fort! *Ab.*

15

ZWEITER MANN Das ist die Liebe!
  Alles Hirngespinste!
  Man stirbt nicht so leicht!

ERSTER MANN Jetzt gehe ich schlafen. *Will aufstehen.*

DRITTER MANN Hallo, dort ist der Koch!
  Komm doch her, Polly!

16

POLLY *langsam:* Was wollt ihr?

ERSTER MANN Tee, Polly! Du könntest uns Tee machen!

POLLY *zur Küche.*

DRITTER MANN Aber so rede doch was, Polly!
  Sonst machst du doch nicht so gern Tee!
  Wo warst du denn?

ZWEITER MANN Wo ist denn Zachäus, Polly?

ERSTER MANN Wir wollen mit dem Tee auf ihn warten!

POLLY *in der Küchentür, dreht sich um, langsam:*
 Ich glaube nicht, daß Zachäus wiederkommt!
 Sehr laute Musik. Darinnen die wilde Stimme Lizzies.

Dansen

Personen

Dansen · Der Fremde

*Auf der Bühne stehen drei Häuserfronten. Eine mit einem Tabak-
laden, darauf steht »Tabaktrafik Österreicher«. Eine mit einem
Schuhladen, darauf steht »Schuhgeschäft Tschek«. Eine ohne Laden, aber im Fenster ist ein Schild »Frischer Schinken«. Neben der
letzteren ist ein großes Tor, darauf steht »Svenssons Eisenlager«.
Neben dem Tor sitzt der kleine Herr Dansen, vor sich eine Tonne,
unterm Arm ein Schwein.*

DANSEN *zum Publikum:* Ich bin ein kleiner, geachteter Mann,
wohlsituiert und in unabhängiger Lebensstellung. Mit meinen
Nachbarn lebe ich in allerbestem Einvernehmen. Jede Diffe-
renz zwischen uns wird in friedlichster Weise aus der Welt geschafft durch einen Verband, in dem wir alle fest sitzen. Wir
regeln alles mit Verträgen. Soweit steht alles zum besten. Ich
habe meine Freiheit und meine Geschäftsverbindungen, ich
habe meine Freunde und meine Kunden, ich habe meine Prin-
zipien und meine Schweinezucht. *Er beginnt, sein Schwein in
der Tonne zu bürsten.* So, und jetzt halten wir schön still, mein
Kleines, und waschen die rosigen Ohren, damit wir hübsch
sauber aussehen, wenn Kunden kommen, gesund, freundlich
und appetitlich. Und wenn wir brav sind und hübsch fressen,
dann werden wir auch was Ordentliches im Leben und der
Kunde sagt: das ist aber ein gutes Ferkelchen! Denn was
willst du? Was wünschst du dir in deinem kleinen Herzen? Du
wünschst dir: verkauft zu werden. Oh, du bist klug. Wenn du
auch nur im geringsten fühlst, daß ich einmal nicht an dich
denke, daß ich einen Augenblick deinen Herzenswunsch vergesse, gleich quiekst du laut und erinnerst mich. Da braucht
nur einer vorbeizugehen, der ein bißchen danach aussieht, als
habe er noch nicht gegessen, und sofort quiekst du. Und so
kann ich mich selber denn ganz ruhig ...
Das Schwein quiekt.
DANSEN *blickt sich erfreut um:* Was denn? Was denn? Kommt da
jemand? Ein Kunde in der Nähe?
*Dem Tabakladen nähert sich schleichend und sich scheu um-
blickend ein bewaffneter Mann, den Hut tief ins Gesicht gezogen. Er bleibt stehen vor der geschlossenen Ladentür und zieht*

einen Bund Dietriche aus der Hosentasche. Diese probiert er einen nach dem andern aus, dazwischen mitunter Dansen, dessen Haare sich zu sträuben beginnen, zulächelnd. Am Ende verliert der Einbrecher die Geduld und steigt zum Fenster hinein, eine große Pistole in der Hand. Sofort kommen aus dem Haus schreckliche Geräusche: Ein fallender Stuhl. Laute Hilfeschreie. Dansen steht entsetzt auf. Das Schwein unterm Arm rennt er kopflos herum. Dann stürzt er zum Telefon.

DANSEN Svensson, Svensson! Was soll ich nur machen? Aus dem Tabakladen vis-à-vis wird um Hilfe gerufen. Ein fremder Kerl ist da vor meinen Augen eingebrochen. – Was, du hörst die Schreie bis zu dir hinüber? – Natürlich kann ich nicht hinein, ich habe gar kein Recht, in ein fremdes Haus einzudringen. Aber was mache ich, wenn er herauskommt? Ich zittere am ganzen Leib vor Empörung. – Darauf kannst du dich verlassen, daß ich ihm meine ungeschminkte Meinung sagen werde. Du kennst doch meine Devise, nein, nicht Devisen, Devise, ich meine: *Nachdem er sich vorsichtig umgesehen hat, singt er gedämpft ins Telefon.*

In allen den Ländern und Reichen

Wo immer ein Dansen erscheint

Er ficht mit offener Stirne

Für das, was er ehrlich meint.

Kurz, ich werde ihm meinen Abscheu ins Gesicht schleudern. Ich zittere, wie erwähnt, vor Empörung. *Die Hilferufe sind verstummt. Jetzt kommt ein Schrei, ein Pistolenschuß und ein schwerer Fall.*

DANSEN Ich breche ab. Ich muß mich hinsetzen. Ich glaube, ich habe graue Haare bekommen. *Düster setzt er sich, sein Schwein unterm Arm, wieder vor sein Haus.*

Aus dem Tabakladen tritt der Fremde, streicht hastig mit Kreide den Namen »Österreicher« durch und schreibt »Ostmärker & Co.« darüber. Dann tritt er auf Dansen zu.

DER FREMDE Warum sind Sie denn so bleich?

DANSEN Das will ich Ihnen sagen, lieber Mann, ich bin bleich vor innerer Erregung.

DER FREMDE Da sollten Sie sich ein Beispiel an Ihrem hübschen kleinen Schwein nehmen. Das ist rosig und bleibt rosig.

DANSEN Ein Schwein ist auch kein Mensch. Ich bin menschlich aufgewühlt und Sie wissen auch warum.

DER FREMDE Das ist aber ein gutes Ferkelchen!

DANSEN *anklagend auf den Tabakladen zeigend:* Was – war – da – drin?

DER FREMDE Wollen Sie das wirklich wissen?

DANSEN Allerdings will ich das wissen! Was mit meinen Mitmenschen passiert . . .

Das Schwein quiekt zum zweiten Mal.

DANSEN Was denn? Was denn?

DER FREMDE Nicht wahr, Sie wollen es nicht wissen!

DANSEN *zum Schwein:* Aber der Mann . . . *Er deutet hinüber.*

DER FREMDE Kannten Sie den Mann?

DANSEN Ich? Nein, ja, entschuldigen Sie, ich bin jetzt ganz verwirrt. *Vorwurfsvoll.* Wir waren im gleichen Verband.

DER FREMDE Und was machtet ihr da? Schweine verkaufen, wie?

DANSEN *mürrisch:* Karten spielen. Das Nichteinmischspiel.

DER FREMDE Kann ich mir nicht leisten. Zu teuer.

DANSEN Es ist nur einmal die Woche. Samstags. *Er deutet hinüber:* Er kommt auch.

DER FREMDE *zögernd:* Ich glaube nicht, daß er noch einmal kommt.

DANSEN *aufgebracht:* Wollen Sie ihm das verbieten? Das wäre doch unerhört. Wirklich. Österreicher ist ein freier Mann.

DER FREMDE Dem verbietet niemand mehr was. *Er lacht unlustig.*

DANSEN *entsetzt:* Was wollen Sie damit sagen?

DER FREMDE Wollen Sie das wirklich wissen?

DANSEN Ich? Ja, nein. Ich weiß ja nicht mehr, wo mir der Kopf steht. Da stehen Sie vor mir und reden, als ob . . . Und vorhin habe ich eigenen Auges mitangesehen . . . Selbstverständlich will ich das wissen! Unbe. . .

Das Schwein unter seinem Arm quiekt zum dritten Mal, und so angstvoll, als würde es entsetzlich mißhandelt.

DANSEN *beendigt tonlos:* . . . dingt.

Er ist jetzt sehr unsicher und wagt dem Fremden, der sein Schwein streichelt, nicht mehr ins Auge zu schauen.

DANSEN Ich verstehe die Welt nicht mehr. Ich bin ein friedliebender Mann, verabscheue jede Gewalt und halte mich an Verträge. Ich habe Geschäftsverbindungen und meine Freiheit, ein paar Kunden und ein paar Freunde, meine Schweinezucht und meine ... *Wie geistesabwesend.* Wollen Sie ein Schwein kaufen?

DER FREMDE *verdutzt:* Wie bitte?

DANSEN Ein Schwein? Ein paar Schweine? Ich könnte sie Ihnen billig ablassen. Ich habe so viele. Zu viele. Sie wachsen mir über den Kopf.

DER FREMDE Geben Sie eines her.

DANSEN *intensiv:* Sind Sie sicher, daß Sie nicht zwei wollen?

DER FREMDE Eines.

DANSEN Aber was mache ich dann mit den übrigen? Sie wachsen wie Schwämme. Jeden Abend ersäufe ich ein halbes Dutzend in der Jauchgrube und jeden Morgen ist ein neues Dutzend da. *Läßt den Fremden einen Blick in den Stall werfen.* Sehen Sie, es sind schon wieder vierzehn.

DER FREMDE Eines.

DANSEN Sehen Sie sie genau an. Sind sie nicht gesund, freundlich und appetitlich? Läuft Ihnen da nicht das Wasser im Mund zusammen?

DER FREMDE *dem das Wasser im Mund zusammenläuft, mühsam:* Sie sind Luxus.

DANSEN Wie können Sie so was behaupten, wo sie doch ganz und gar eßbar sind. Sogar die Ohren. Sogar die Zehen. Gebackene Schweinezehen.

DER FREMDE Luxus.

DANSEN *bekümmert zu seinem Schwein:* Du ein Luxus! *Desillusioniert zum Fremden:* Dann nehmen wir also nur zwei.

DER FREMDE *laut:* Eines. Ich gebe kein Geld aus für Luxus.

DANSEN Aber Eisen kaufen Sie doch auch. Von meinem Freund Svensson kaufen Sie doch Eisen, so viel er liefern kann.

DER FREMDE Eisen ist kein Luxus. Eisen ist lebensnotwendig.

DANSEN *gibt ihm das Schwein, seine Hände zittern:* Ich bin mit den Nerven ganz herunter. Das furchtbare Erlebnis vorhin ... *Er wischt sich mit einem kleinen roten Tuch den Schweiß im Nacken ab.*

DER FREMDE Was haben Sie denn da für ein rotes Tuch?

DANSEN Das da?

DER FREMDE *barsch:* Ja, das da. *Er legt das Schwein auf die Tonne zurück.*

DANSEN *eifrig:* Das ist kein rotes Tuch. Sehen Sie, da ist ein weißes Kreuz drin. *Er zeigt es.*

DER FREMDE Geht in Ordnung. *Er schmeißt ihm Geld hin.*

DANSEN Ich packe es Ihnen ein.

DER FREMDE Hier ist Papier. Sonst berechnen Sie mir auch noch die Verpackung. *Er reicht ihm einen großen Bogen Papier, den er aus der Tasche gezogen hat.*

DANSEN *den Bogen glatt streichend:* Aber das ist doch ein Vertrag!

DER FREMDE Was für einer?

DANSEN Ich glaube, mit Herrn Österreicher. Hier steht Freundschaftsvertrag. Brauchen Sie denn den nicht mehr?

DER FREMDE Nein. Was soll mir ein Freundschaftsvertrag mit einem toten Mann nützen? *Er nimmt ihm das Papier weg und zerreißt es.*

DANSEN *wird fast ohnmächtig:* Nehmen Sie mir schnell das Schwein ab, mir wird übel.
Der Fremde nimmt ihm das Schwein aus der Hand. Dansen legt sich sein Sacktuch über den Kopf.

DER FREMDE *sieht ärgerlich das Kreuz:* Tun Sie das Kreuz weg!
Dansen steckt das Sacktuch wieder ein.

DER FREMDE Ich nehme das Schwein ohne Verpackung. Vielleicht schneide ich mir schon auf dem Weg was ab.
Er nimmt es unter den Arm. Aber bevor er geht, betrachtet er den Schuhladen.

DER FREMDE Ein hübsches Anwesen, dieses Schuhgeschäft da.

DANSEN Ja, sehr schön.

DER FREMDE Eine Menge Raum. Ihr Haus ist auch nicht übel.

DANSEN *geistesabwesend:* Nicht wahr.

DER FREMDE *es träumerisch betrachtend:* Also auf Wiedersehen! *Ab.*

DANSEN *sich die Stirn wischend, entnervt:* Auf Wiedersehen! – Jetzt habe ich ihm ein Schwein verkauft in meiner Empörung. Diesen netten friedlichen Österreicher hat er einfach ... Verdammter Rohling! *Sich scheu umschauend, geht er in die Ecke zwischen seinem Haus und dem Schuppen und schimpft dort hinein.* Barbarei! Unmenschlichkeit! Unerträgliche Gemeinheit! Und wie er Verträge behandelt!

2

Dansen sitzt vor seinem Haus, ein Schwein auf dem Schoß.

DANSEN Ich bin ein geachteter, aber kleiner Mann. Ich fühle, daß
nicht mehr alles zum besten geht. Die furchtbaren Vorgänge
der letzten Zeit haben mich doch recht mitgenommen. Verträge sind wunderbar, aber wenn sie nicht heilig gehalten werden . . . Mit meinen beiden Freunden weiter oben habe ich
deshalb sogar schon mit dem Gedanken einer Bewaffnung gespielt. Wir sind nicht ganz wehrlos. Es gibt nicht viele Eisenlie-
feranten wie meinen Freund Svensson. Wir haben da gleich in
dem Schuppen hier *er deutet auf Svenssons Schuppen* einen
hübschen Haufen Eisen liegen. Wenn wir daraus Waffen
schmiedeten . . . Es wäre ja purer Wahnsinn, den Kopf in den
Sand zu stecken. Andererseits können sich diese furchtbaren
Vorgänge gar nicht wiederholen. Zweimal kann dieser
Dingsda so etwas ja nicht machen.
Dem Schuhladen nähert sich schleichend und sich scheu umblik-
kend der Fremde, die Mütze tief ins Gesicht gezogen. Er bleibt
vor der geschlossenen Ladentür stehen und zieht einen Bund
Dietriche aus der Hosentasche. Diese probiert er einen nach
dem andern aus, dazwischen mitunter Dansen, dessen Haare
sich zu sträuben beginnen, kopfschüttelnd zulächelnd. Am
Ende verliert der Fremde die Geduld und steigt zum Fenster
hinein, eine große Pistole in der Hand. Sofort kommen aus dem
Haus schreckliche Geräusche: Ein fallender Stuhl. Laute Hilfe-
schreie.

DANSEN Zum zweiten Mal! Es ist furchtbar. Und dabei hatte die
arme Frau einen Garantievertrag von ihm. Seine Gier ist ja
krankhaft. Was er sieht, das muß er haben. Und da steht mein
Haus! Er hat schon gesagt, es ist nicht übel. Ich muß sofort die
allerenergischsten Schritte unternehmen. Ich darf ihm unter
keinen Umständen auffallen. Ich muß mich ihm aus den Augen schaffen. Aber wie das machen, daß er mich nicht sieht?
Die Tonne! *Das Schwein unterm Arm, stülpt er sich die Tonne*
über, in der er für gewöhnlich seine Schweine wäscht.
Aus dem Schuhladen tritt der Fremde. Hastig streicht er mit

*Kreide den Namen Tschek aus und schreibt hin »Bemm &
Mährer G.m.b.H.«*

*In diesem Augenblick hört man aus der Tonne Dansens
Schwein quieken.*

DANSENS STIMME Was denn? Was denn? Kommt da jemand? Ein
Kunde in der Nähe? *Er guckt vorsichtig heraus, sieht den
Fremden schreiben und duckt sich schnell wieder unter seine
Tonne.*

*Der Fremde tritt nach vorn, zieht einen Bogen aus der Tasche
und zerreißt ihn. Die Fetzen fliegen auf den Boden.*

DER FREMDE Nanu, wo ist denn heute der Kerl mit der Schweinezucht? Wahrscheinlich ist er schon wieder einen heben gegangen. Das ist eine gute Gelegenheit, Svenssons Lagerschup-
pen für Roheisen ein wenig zu beriechen. *Sich umblickend,
schlendert er zum Tor und probiert, sich mit dem Rücken vor
das Tor stellend, die Türklinke. Die Tür ist aber geschlossen.*

*Plötzlich läutet Dansens Telefon. Dansen sitzt zunächst unbe-
weglich. Da es weiterläutet, ist er gezwungen, sich zum Telefon
zu begeben, mit äußerster Vorsicht erhebt er sich und geht, die
Tonne über sich gestülpt, auf das Telefon zu. Der Fremde sieht
die wandelnde Tonne mit Erstaunen.*

DER FREMDE *prompt:* Kolossal auffällig!

*Da Dansen ihn unter seiner Tonne nicht sieht, würde er ihn an-
rempeln, wenn der Fremde ihm nicht grinsend aus dem Weg
träte. Angelangt am Telefon, das auf einer niedrigen Schmalz-
kiste vor dem Haus steht, läßt Dansen sich einfach über der Kiste nieder.*

DANSEN *leise ins Telefon, aber die Muschel dröhnt ein wenig unter der Tonne:* Bist du das, Svensson? – Ach, du weißt schon
das neueste Furchtbare. – Nein, Mensch, noch nicht bei mir.
Warum meinst du denn immer, das ist bei mir? Das ist ja unheimlich. Natürlich müssen wir jetzt etwas zusammen unternehmen. Wir müssen die allerenergischsten Maßnahmen erwägen. – Nein, nicht wagen, ich sagte erwägen! – Uns gemeinsam bewaffnen? Ausgeschlossen! – Einig sein: ja, aber nicht
bewaffnen. – Worin einig? Daß wir uns nicht bewaffnen! Das
würde ihm doch nur auffallen, und ich habe alles getan, ihm
nicht aufzufallen. – Ich sage doch auch, wir müssen einig sein.
Die Einigkeit muß sogar eisern sein und sich gegen niemanden

richten. *Sehr energisch.* Gegen niemand. Dann kann es nicht auffallen. – Was mich betrifft, kannst du sicher sein, Svensson. – Ich verstehe vollkommen, daß du keine Minute mehr sicher sein könntest, was deinen Schuppen betrifft, wenn ich auch nur ein Tüpfelchen meiner Selbständigkeit aufgeben würde. Ich werde mich aus allem unerbittlich heraushalten. Und nur noch meine Schweine verkaufen und basta. – Wo ich den Schlüssel zu deinem Lagerraum habe? Natürlich wo ich ihn immer habe, an einem Strick um den Hals unterm Hemd. – Klar, daß ich da aufpasse. – Der Einbruch neulich, bei dem dein Brief an mich gestohlen wurde? Ja, aber das war doch Einbruch, dagegen kann man doch nichts machen. – Natürlich gebe ich deinen Schlüssel nicht aus der Hand, niemals! – Wegnehmen lassen? Wofür hältst du mich! – Unter Druck? Auf mich ist niemals ein Druck ausgeübt worden, ich habe dazu nie Veranlassung gegeben. – Ich werde beobachtet? Lächerlich. Ich werde überhaupt nicht beobachtet, das müßte ich doch merken. – Du bestehst auf energischen Maßnahmen? Ich bin absolut dafür. Ich schlage vor, wir schließen einen Vertrag. Bevor die Sonne sinkt, müssen wir unbedingt einen Vertrag haben. – Ja, gegen alle, die Verträge nicht mehr halten. Höre, ich habe eine glänzende Idee, wir beschließen, einem notorischen Friedensstörer und Unruhestifter einfach kein Eisen mehr zu verkaufen und es dafür den anständigen Elementen anzubieten. – Wieso nicht glänzend? – Du meinst, die Großen verhandeln schon über wirksame Maßnahmen?

Der Fremde, der sich ruhig niedergesetzt und zugehört hat, klopft an der Tonne an.

DANSEN *in seiner Tonne, beunruhigt:* Einen Augenblick! Ich muß unterbrechen. – Nein, nur einen Kunden bedienen. Wir setzen unsere Verhandlungen dann gleich fort.

Der Fremde zieht ihn am Hintern aus der Tonne.

DER FREMDE Da bin ich ja grade im richtigen Augenblick gekommen. Wie sind Sie denn in die Tonne gefallen? Wenn ich nicht gekommen wäre, wären Sie mir noch erstickt.

Dansen sitzt mürrisch auf dem Boden und schweigt.

DER FREMDE Warum sind Sie denn so schweigsam? Haben Sie Sorgen? Wissen Sie, Dansen, ich habe mir mitunter schon gedacht, wir zwei müßten miteinander in nähere Beziehungen treten. Es ist wirklich hübsch, bei Ihnen zu sitzen. Das Haus ist klein, aber nicht übel. Wie wäre es mit einem Freundschaftsbund?

DANSEN *mit gesträubtem Haar:* Freundschaftsbund . . .

DER FREMDE Freundschaftsbund. *Er streichelt Dansens Schwein.* Das ist ein gutes Ferkelchen! Bist du ein gutes Ferkelchen? Ja, du bist ein gutes Ferkelchen. Ich schlage vor: wir schließen einen Vertrag. Daß wir zwei Freunde sind.
Er zieht einen Bleistiftstumpen aus der Westentasche, steht auf und liest einen der Fetzen vom Boden auf. Auf die Rückseite des Fetzens schmiert er ein paar Wörter.

DER FREMDE Sie unterschreiben mir nur, daß Sie mich auf keinen Fall überfallen, wenn ich mir bei Ihnen ein Schwein hole oder sonstwas. Und ich unterschreibe Ihnen, daß Sie mich jederzeit um meinen Schutz anrufen können. Na wie ist das?

DANSEN Wenn Sie es mir nicht übelnehmen: so etwas möchte ich nicht übers Knie brechen.

DER FREMDE Nein?
Dansens Schwein quiekt zum zweiten Mal.

DANSEN *abseits zu seinem Schwein:* Du bist still! *Zum Fremden:* Ich müßte unbedingt erst mit meinem Freund Svensson telefonieren.

DER FREMDE Ach, Sie wollen nicht? *Dansen schweigt.* Und dabei habe ich gehört, Sie wollten unbedingt den Vertrag haben, bevor die Sonne sinkt. *Zu Dansens Schwein, es streichelnd:* Du bist ein kluges Schwein. Wir verstehen uns. Zwischen uns gäbe es keine Meinungsverschiedenheiten. Aber es soll anscheinend nicht sein. Ich will mich unter keinen Umständen aufdrängen. Wenn man meine Freundschaftsangebote mit Füßen tritt, gehe ich. *Er steht beleidigt auf.*
Das Schwein quiekt zum dritten Mal.

DANSEN *wischt sich mit seinem roten Sacktuch den Schweiß ab:* Sie! *Der Fremde dreht sich um.* Ich bin vielleicht etwas zu kurz angebunden gewesen. Ich bin durch die Ereignisse in der letzten Zeit so verwirrt. Sie wollten ein Schwein kaufen?

DER FREMDE Warum nicht?

DANSEN *heiser:* Dann geben Sie mir den Vertrag. *Er unterzeichnet.* Aber brauchen Sie denn kein Duplikat?

DER FREMDE Nicht nötig. *Er nimmt das Schwein unter den Arm.*

Schicken Sie mir die Rechnung zu Neujahr. *Im Abgehen:* Und vergessen Sie gefälligst nicht, daß Sie jetzt mit mir befreundet sind und Ihren Verkehr danach einzurichten haben. Auf Wiedersehen!

DANSEN *verwundert:* Jetzt habe ich mit ihm Freundschaft geschlossen!

Er geht zögernd mit dem Vertrag zum Telefon.

DANSEN   Hallo, Svensson, hier Dansen! Ich möchte dir mitteilen, daß ich dem Wort sogleich die Tat habe folgen lassen und schon einen Vertrag abgeschlossen habe. – Mit wem? Mit dem Dingsda. – Der hält keinen Vertrag? Aber ich habe seine eigenhändige Unterschrift. Wart, wie heißt es doch gleich . . . ich habe es noch nicht durchgelesen . . . also: er darf mich nicht überfallen und ich darf niemand helfen, den er überfällt. – Wenn er da dich überfällt? Ausgeschlossen. Auf die Dauer kann er so was doch nicht machen! Dein Lagerhaus ist jetzt bombensicher. – Auf wen du dich jetzt verlassen kannst? Auf mich! Auf mich kannst du dich verlassen. Und ich kann mich auf ihn verlassen.

3

Dansen steht vor seinem Haus und telefoniert immer noch.

DANSEN   Ich verstehe nicht, wie du glauben kannst, daß unsere Einigkeit in Gefahr ist, jetzt, wo ich dir drei Tage und drei Nächte lang ununterbrochen versichert habe, daß sie nicht in Gefahr ist. – Also das kann ich dir sagen: wenn er diesen Vertrag nicht halten würde, wäre ich der erste, der jede ersparte Öre aus den Schweineverkäufen von fünf Jahren dransetzen würde, daß wir uns mit deinem Eisen bis an die Zähne bewaffnen. Ist das ein Wort? – Im Augenblick wäre es Wahnsinn. Es liegt ja gar kein Anlaß vor. – Was ist mit dem Himmel? *Er blickt sich um.* Ja, du, er ist wirklich rot.

Der Himmel hat sich während des Gesprächs etwas gerötet. Dumpfer Donner von fern.

DANSEN   Ja, das ist ein komischer Donner. Ich glaube, wir müssen das Gespräch abbrechen. Ich muß nach meinen Schweinen sehen. – Natürlich auch nach deinem Schuppen. Besonders deinetwegen freut es mich jetzt wirklich, daß ich den Vertrag mit ihm habe. – Jetzt wirst du sehen, was das für ein Schachzug von mir war. Wetten, daß der Dingsda jetzt schon bereut, daß er sich mir gegenüber so festgelegt hat? – Jedenfalls müssen wir in ständiger Verbindung blei... Hallo! Bist du noch da, Svensson? *Er rüttelt am Telefon, bekommt aber keine Verbindung mehr.* Zum Teufel, gerade jetzt muß die Leitung gestört sein! *Er geht zur Tonne und fischt seinen Vertrag heraus. Dann löst er die Leine, mit der er das Schwein an die Tonne gebunden hatte.* Ja, was täte ich jetzt ohne dieses Papier. Ich bin verdammt müde. Die Schweine waren heute so unruhig, daß ich sie an die Leine nehmen mußte, und das Telefonieren hat mich auch angestrengt. Und dabei muß ich heute nacht unbedingt vor dem Schuppen Wache halten, das bin ich meinem Freund Svensson schuldig. *Die Vertragsrolle wie ein Gewehr geschultert, patrouilliert er vor dem Schuppen auf und ab, mitunter die Hand über den Augen, ausspähend. Sein Gang wird aber schnell schleppend.* Wenn ich auch nur einen Augenblick in meiner Wachsamkeit erlahme, sind die Folgen für mich und meine beiden Freunde weiter oben unabsehbar. *Er setzt sich, das Schwein jetzt auf dem Schoß, mit dem Rücken zur Schuppenwand. Gähnt.* Es ist unglaublich, daß er jetzt auch noch mit dem Pferdehändler Poll anbindet. *Ins Dösen geratend, fährt er plötzlich auf, greift nach dem großen Schuppenschlüssel, den er, um den Hals gehängt, unterm Hemd trägt und zieht ihn heraus.* Den Schlüssel habe ich jedenfalls. *Er steckt ihn zurück.* Ich verstehe nicht, daß der Poll nicht einfach auch ... mit ihm ... einen ... Vertrag gemacht ... *Er schläft ein.*

Es wird dunkel. Nur noch der gerötete Horizont bleibt sichtbar. Langsam senkt sich ein Schild von oben herab, das die Inschrift »Dansens Traum« trägt. Dann erfüllt ein rosa Licht die Bühne und man sieht Dansen und den Fremden einander gegenüber stehen. Dansen hat sein Schwein an der Leine und seinen Vertrag geschultert. Der Fremde, immer noch in Zivilkleidung, ist bis an die Zähne bewaffnet. Er hat einen Stahlhelm auf, Handgranaten umgeschnallt und eine Maschinenpistole schußfertig unter dem Arm.

DER FREMDE Ich bin überfallen worden, Sie. Ich stattete einen kleinen unschuldigen Besuch ab im Haus eines gewissen Poll, um dort einen Freund von mir zu treffen. Während ich im Haus war, wurde ich von Nachbarn eingekreist und im tiefsten Frieden überfallen. Sie müssen mir helfen.

DANSEN Aber . . .

DER FREMDE Quasseln Sie nicht so viel. Ich habe keine Minute Zeit. Ich habe nicht genug Eisen zu Hause. Ich muß sofort den Schlüssel zum Lagerhaus meines Freundes Svensson haben.

DANSEN Aber den darf ich doch nicht aus der Hand geben.

DER FREMDE Mir dürfen Sie ihn geben. Der Schuppen braucht unbedingt Schutz, er ist bis zum Dach voll Eisen, und Sie sind doch nicht in der Lage, ihn zu verteidigen. Geben Sie mir den Schlüssel! Schnell!

DANSEN Aber der Schlüssel ist mir zu treuen Händen übergeben. Ich muß doch mindestens zuerst mit meinem Freund Svensson telefonieren . . .

DER FREMDE Ihre treuen Hände sind meine treuen Hände. Keine Flausen jetzt. Hände hoch! *Er droht mit der Maschinenpistole. Dansen bringt plötzlich seine Vertragsrolle in Anschlag auf den Fremden und steht unbeweglich in dieser herausfordernden Haltung.*

DER FREMDE *seinen Augen nicht trauend:* Sind Sie vom tollen Hund gebissen? Was haben Sie denn da?

DANSEN Den Vertrag!

DER FREMDE *verächtlich:* Verträge! Wer sagt denn, daß ich Verträge halten muß!

DANSEN Vielleicht müssen Sie das im allgemeinen nicht. Aber den mit mir müssen Sie halten.

DER FREMDE *läßt die Pistole sinken:* Das ist furchtbar! Ich muß das Eisen haben. Ich habe alle gegen mich.

DANSEN Tut mir leid.

DER FREMDE Aber ich bin verloren, wenn ich es nicht kriege. Ich werde zu Mus zerstampft, hören Sie, zu Mus!

DANSEN Das hätten Sie früher bedenken sollen, lieber Freund.

DER FREMDE Meine ganze Existenz steht auf dem Spiel! Ich muß da hinein, muß, muß, muß!

DANSEN *hält das Papier hoch:* Leider unmöglich.

DER FREMDE Alle Ihre Schweine kaufe ich Ihnen ab, Dansen, wenn Sie mir da entgegenkommen!

DANSEN Ich kann nicht, mein Lieber.

Dansens Schwein quiekt. Ein ferner Gong wird zugleich ange-
schlagen.

DANSEN Du schweigst! Wenn es sich um die Freiheit handelt.
Zum Fremden: Tut uns leid.

DER FREMDE *wirft sich auf die Knie, schluchzend:* Bitte, den
Schlüssel! Seien Sie nicht hart! Meine Familie, meine Frau,
meine Kinder, meine Mutter, meine Großmutter! Meine Tan-
ten!

DANSEN Nichts zu machen. Mit dem größten Bedauern, aber
nichts zu machen. Vertrag ist Vertrag.

DER FREMDE *gebrochen, steht mühsam auf:* Mir bleibt nur noch
übrig, mich aufzuhängen. Dieser Vertrag kostet mich, einen
Ihrer besten Kunden, das Leben. *Er wendet sich vernichtet*
zum Gehen.

Das Schwein quiekt zum zweiten Mal. Wieder ferner Gong.

DANSEN Ruhe! Das ist entsetzlich mit dir. Du hast nicht für eine
Öre Moral. *Zum Fremden:* Und Sie, kommen Sie mir nicht
noch einmal mit solchen unsittlichen Forderungen, verstehen
Sie! Mit mir ist das nicht zu machen, meine Geduld könnte
auch einmal reißen! *Er singt, den Vertrag in der Faust, wäh-*
rend der Fremde hinauswankt, die dritte Strophe des Liedes
»Kong Kristian stand am hohen Mast«:
Niels Juel, er winkte dem Orkan
»Jetzt ist es Zeit!«
Er hißte hoch die rote Fahn
Und griff den Feind mit Machten an.
Da schrie der laut auf im Orkan
»Jetzt ist es Zeit!«
»Flieht!«, schrie er, »flieht mit Gut und Blut!
Wer kann bestehn vor Dansens Wut
Im Streit!«
Beim letzten Vers hört er jedoch entsetzt, wie das Schwein zum
dritten Mal quiekt.
Der Fremde dreht sich plötzlich um und nimmt eine triumphie-
rende Haltung ein. Es wird dunkel. Ein neues Schild senkt sich
von oben herab. Es trägt die Inschrift »Und Dansens Erwa-
chen«.
Die Bühne wird wieder hell. Das Schwein hat immer weiterge-
quiekt. Neben dem an die Schuppenwand gelehnten schlafen-

den Dansen steht der Fremde, bis an die Zähne bewaffnet, und stößt Dansen mit dem Fuß an. Dieser erwacht mit einem Ruck.

DER FREMDE Den Schlüssel her!

DANSEN Aber den darf ich nicht hergeben!

DER FREMDE Dann bist du vertragsbrüchig, du Hund. Was, mit mir einen Freundschaftsvertrag abschließen und dann mir keine Freundschaftsdienste erweisen wollen? *Er stößt ihn mit dem Stiefel.* Mir den Schlüssel hinterziehen wollen, ohne den ich nicht zum Eisen komme? Jetzt hast du es klar bewiesen, daß du mein Feind bist, einer der schlimmsten. *Er entreißt ihm den Vertrag und zerfetzt ihn.* Und jetzt zum letzten Mal: den Schlüssel her!

Dansen greift nach dem Schlüssel und zieht ihn, den Blick starr auf den Fremden gerichtet, heraus. Der Fremde entreißt ihn ihm und schließt das Tor auf.

DANSEN *verwundert:* Jetzt habe ich ihm Svenssons Schlüssel gegeben in meiner Vertragstreue!

DER FREMDE *wendet sich unter dem Tor noch einmal zu Dansen zurück, nimmt ihm das Schwein an der Leine weg und sagt drohend:* Und die andern Schweine lieferst du unaufgefordert ab, und daß ich keine Rechnung zu sehen bekomme! *Und er geht mit dem Schwein Dansens in Svenssons Schuppen.*

[ANHANG]

[Dialog]

1

Zwei Skandinavier sitzen beim Frühstück.

DER OPTIMIST Du bist ein unverbesserlicher Pessimist.

DER PESSIMIST Und du bist ein unverbesserlicher Optimist.

DER OPTIMIST Wenn du nur nicht immer gerade wenn ich beim Essen sitze, mit deinen Prophezeiungen daherkommen würdest!

DER PESSIMIST Wann sonst soll ich damit daherkommen? Du sitzt doch immer beim Essen!

DER OPTIMIST Aber wenn ich dir zuhöre, dann vergeht mir der Appetit.

DER PESSIMIST Mir vergeht er, wenn ich dich sehe.

Der Optimist grunzt ärgerlich.

DER PESSIMIST Es kann ja nicht gut ausgehen. Bedenk doch, was vorgefallen ist!

DER OPTIMIST Was ist denn vorgefallen?

DER PESSIMIST Soll ich es dir wiederholen in einer kleinen Fabel? Ja?

DER OPTIMIST Bitte sehr.

2

DER PESSIMIST Ist es so oder ist es nicht so?

DER OPTIMIST Reichlich pessimistisch gesehen! Und sehr unfreundlich, was die Darstellung des Dansen angeht! Seine unbestreitbare Freiheitsliebe überhaupt nicht erwähnt! und so weiter.

DER PESSIMIST Mein lieber Freund! Geschmeichelt habe ich dem Dansen! Jetzt kommt überhaupt erst sein Glanzstück!

DER OPTIMIST So! Das klingt ja vielversprechend!

DER PESSIMIST Ich brauche nur weiterzuerzählen.

3

DER OPTIMIST Und?

DER PESSIMIST Was, und?

DER OPTIMIST Und was ist an diesem Vertrag auszusetzen? Vielleicht läßt du jetzt einmal mich weitererzählen! Ich werde dir schildern, wie sich dieser Vertrag auswirken wird! Du wirst staunen!

DER PESSIMIST Ach so, du willst die Fabel zu Ende erzählen?

DER OPTIMIST Das will ich. Gib nur acht!

Was kostet das Eisen?

Personen

Der Tabakhändler · Svendson · Der Kunde
Die Schuhhändlerin · Der Herr · Die Dame

Liebe Freunde, folgende kleine Parabel
Ließ kürzlich ein Englishman vom Stapel.
Er geriet in einem Pub beim Old Vic
Mit zwei schwedischen Studenten in ein Gespräch über
                                                    Politik.

Trotz unzähligen Gläsern Ale und vielen
Brandys war keine Einigung zu erzielen
Und so schrieb ihnen der Englishman am nächsten Tage
Seine Meinung über die politische Lage
In einem kurzen Gleichnis nieder:
Wir geben es hier im folgenden wieder.
Es spielt in einem Eisenladen.
Wer der Händler ist, werdet ihr wohl erraten.
Den Tabakhändler und das Weib mit den Schuhn
Erkennt ja auch ein halbblindes Huhn.
Den Kunden, der sich das Eisen aufpackt
Erkennt ihr spätestens im letzten Akt.
Und den Sinn der Parabel begreift jedermann
Der ein wenig Verstand hat. Und jetzt fangen wir an.

I

Ein Eisenladen, bestehend aus einem Holztisch und einer Holz-
tür. Auf dem Holztisch liegen Eisenstäbe, die der Eisenhändler
mit einem Tuch poliert. Auf einer Malerstaffelei ein riesiger Ka-
lender mit der Jahreszahl 1938.
Herein, Zigarrenkisten unterm Arm, ein Tabakhändler.

DER TABAKHÄNDLER Guten Morgen, Herr Svendson. Tabak ge-
  fällig? Schöne Zigarren, dreißig Öre das Stück, echte Austrillos!
SVENDSON Guten Morgen, Herr Österreicher. Lassen Sie mal sehen! Gut riecht das Kraut wieder. Sie wissen, wie leidenschaft-
  lich gern ich Ihre Zigarren rauche. Leider geht mein Eisenge-

schäft nicht ganz wie ich möchte. Da heißt's ein wenig weniger rauchen. Nein, ich kann heute nichts nehmen. Ich bin nicht in der Lage. Nichts für ungut, Herr Österreicher. Das nächste Mal vielleicht.

DER TABAKHÄNDLER Das ist für mich eine kleine Enttäuschung. Aber ich verstehe natürlich. *Er packt wieder ein.*

SVENDSON Angenehme Tour gehabt, Herr Österreicher?

DER TABAKHÄNDLER Nicht ganz angenehm, Herr Svendson. Ihr Laden ist ja leider etwas abgelegen.

SVENDSON Was, mein Laden abgelegen? Das höre ich zum ersten Mal.

DER TABAKHÄNDLER Ja, bisher ist es mir auch nie so vorgekommen. Wir wohnen ja alle ein wenig auseinander. Aber heut bin ich da einem Mann begegnet auf dem Weg zu Ihnen, der hat einen ganz merkwürdigen Eindruck auf mich gemacht.

SVENDSON Nanu. Sind Sie angerempelt worden?

DER TABAKHÄNDLER Das nicht, eher im Gegenteil. Der Mann hat mich angeredet wie einen alten Bekannten. Er nannte mich sogleich beim Vornamen und erklärte mir, wir seien Verwandte. Wußte ich bisher gar nicht, sage ich. Was, sagt er, das weißt du nicht, und sieht mich an wie einen schlechten Pfennig. Und dann erklärt er mir haargenau, wie verwandt wir sind, und je länger er redete, desto verwandter waren wir.

SVENDSON Nun, ist das so schlimm?

DER TABAKHÄNDLER Nein, aber er sagte, er wolle nächstens einmal mich besuchen kommen.

SVENDSON Sie sagen das ja so, als habe es wie eine Drohung geklungen?

DER TABAKHÄNDLER Wissen Sie, die Worte waren ganz gewöhnlich, er sagte, er habe vielleicht einen Fehler und das sei, daß er einen ganz kolossalen Familiensinn habe. Wenn er entdecke, daß er mit jemand irgendwie verwandt sei, so könne er ohne ihn überhaupt nicht mehr leben.

SVENDSON Das sind doch keine häßlichen Worte.

DER TABAKHÄNDLER Nein, aber er brüllte so, als er sie sagte.

SVENDSON Und das hat Sie erschreckt?

DER TABAKHÄNDLER Offen gestanden, sehr.

SVENDSON Sie zittern ja, Mann. Am ganzen Körper.

DER TABAKHÄNDLER Weil ich an ihn denke.

SVENDSON Nerven. Sie müßten hier heroben, in dieser guten Luft, leben.

DER TABAKHÄNDLER Vielleicht. Das einzig Gute ist, daß er anscheinend unbewaffnet ist. Sonst könnte ich wirklich besorgt werden. Nun, jeder hat sein Päckchen zu tragen, da kann ihm keiner helfen.

SVENDSON Nein.

DER TABAKHÄNDLER Merkwürdig hat es mich auch berührt, daß er mir, bevor er mich weitergehen ließ, den Vorschlag machte, wir sollten einen Pakt abschließen, daß er niemals über mich und ich niemals über ihn etwas Nachteiliges sagen sollte.

SVENDSON Aber das klingt doch wirklich ganz fair. Das ist doch absolute Gegenseitigkeit.

DER TABAKHÄNDLER Ja, meinen Sie?

Pause.

DER TABAKHÄNDLER Ich sollte vielleicht irgendeine Waffe haben.

SVENDSON Sicher. Das schadet nie.

DER TABAKHÄNDLER Leider kosten Waffen.

SVENDSON So ist es.

DER TABAKHÄNDLER Ja, also auf Wiedersehen, Herr Svendson.

SVENDSON Auf Wiedersehen, Herr Österreicher.

Der Tabakhändler geht ab.

Svendson steht auf und macht zu einer langweiligen Musik mit seinen Eisenstäben schwedische Gymnastik.

Herein ein Kunde, ein Mann in schlecht passendem Anzug.

DER KUNDE *mit heiserer Stimme:* Was kostet das Eisen?

SVENDSON Eine Krone die Stange.

DER KUNDE Teuer.

SVENDSON Ich muß auch leben.

DER KUNDE So.

SVENDSON Ihr Gesicht kommt mir so bekannt vor.

DER KUNDE Sie kannten meinen Bruder. Er war oft hier.

SVENDSON Wie geht es ihm?

DER KUNDE Gestorben. Er hat mir das Geschäft vererbt.

SVENDSON Das höre ich mit Bedauern.

DER KUNDE *drohend:* Wirklich?

SVENDSON Ich meine natürlich nicht, daß Sie das Geschäft jetzt haben, sondern daß er gestorben ist.

DER KUNDE Sie scheinen ja mit ihm sehr befreundet gewesen zu sein.

SVENDSON Nicht so sehr. Er war eben ein guter Kunde.

DER KUNDE Und jetzt bin ich Ihr Kunde.

SVENDSON Ich stehe zu Diensten. Sie wünschen wohl auch zwei
Stangen wie Ihr Bruder?

DER KUNDE Vier.

SVENDSON Das macht dann vier Kronen.

DER KUNDE *fischt aus der Tasche ein paar Geldscheine. Zögernd:*
Sie sind ein wenig befleckt. Es sind Kaffeeflecken draufge-
kommen. Stört Sie das?

SVENDSON *die Scheine prüfend:* Aber das ist kein Kaffee.

DER KUNDE Was ist es dann?

SVENDSON Es ist rötlich.

DER KUNDE Dann muß es Blut sein. *Pause.* Ich habe mich in den
Finger geschnitten. *Pause.* Wollen Sie das Geld haben oder
nicht?

SVENDSON Ich glaube nicht, daß ich Schwierigkeiten haben
werde, es wieder loszuwerden.

DER KUNDE Nein. Gar keine.

SVENDSON Dann ist das in Ordnung. *Er steckt die Scheine in die
Ladenkasse, während der Kunde seine Stangen unter die Arme
nimmt. In leichterem Ton:* Da fällt mir eben etwas ein. Vorhin
sprach hier ein Tabakhändler vor, den ich seit langem kenne.
Er beschwerte sich, daß er unterwegs zu mir von einem Fremden angehalten und belästigt worden sei. Haben Sie jemanden
getroffen, der Sie belästigt hat?

DER KUNDE Nein. Mich hat kein Mensch belästigt. Es hat mich
auch kein Mensch angesprochen, was mich übrigens ziemlich
gewundert hat. Ihr Bekannter scheint ein Lügner schlimmster
Sorte zu sein.

SVENDSON *peinlich berührt:* So etwas dürfen Sie doch nicht sagen.

DER KUNDE Die Welt ist voll von Lügnern, Räubern und Mör-
dern.

SVENDSON Das ist wirklich nicht meine Meinung. Mein Bekannter schien ehrlich in Sorge. Ich fragte mich sogar, ob ich ihm
nicht einen Eisenstab abtreten sollte, damit er sich gegebenen-
falls verteidigen könnte.

DER KUNDE So etwas würde ich Ihnen nicht anraten. Es würde in
der Gegend zweifellos böses Blut erregen, wenn Sie alle Leute

gratis bewaffnen würden. Ich sage Ihnen doch, das sind lauter
Räuber und Mörder. Und Lügner. Es ist am besten für Sie,
glauben Sie mir, wenn Sie jeden Anschein vermeiden, als
mischten Sie sich in Streitigkeiten ein, anstatt einfach friedlich
Ihr Eisen zu verkaufen. Ich sage das als Mann des Friedens.
Nur keine Waffen in die Hände solcher Leute geben! Es sind
lauter Hungerleider, und wenn ein hungriger Bursche Waffen
in den Händen hat . . .

SVENDSON Ich verstehe.

DER KUNDE Sind wir übrigens nicht verwandt?

SVENDSON *erstaunt:* Wir? Wieso?

DER KUNDE Nun, ich dachte. Über unsere Urgroßväter oder so.

SVENDSON Ich glaube, das ist ein Irrtum.

DER KUNDE Nanu. Ja, dann gehe ich. Das ist gut, Ihr Eisen. Ich
    muß es haben. So teuer es ist. Was soll ich machen, wenn ich es
    haben muß. Meinen Sie nicht, es wird billiger?

SVENDSON Das glaube ich kaum.

Der Kunde wendet sich zur Tür. Ein Knurren wird hörbar.

SVENDSON Sagten Sie etwas?

DER KUNDE Ich? Nein. Das ist nur mein Magen, der da knurrt.
    Ich habe eine Zeitlang zu fett gegessen. Ich faste jetzt.

SVENDSON *lacht:* Ach so! Nun, auf Wiedersehn!

Der Kunde geht ab.

SVENDSON *telefoniert:* Bist du das, Dansen? Du, bei mir ist der
    Neue gewesen. – So, er ist auch bei dir gewesen. Er hat gekauft
    bei mir. – So, bei dir hat er auch gekauft. Nun, solang er be-
    zahlt, ist er mir gut genug. – Natürlich ist er dir auch gut ge-
    nug, solang er bezahlt.

Es wird dunkel.

2

Der Kalender im Eisenladen zeigt die Jahreszahl 1939.
Herein, Schuhschachteln unter den Armen, eine Schuhhändlerin.

DIE SCHUHHÄNDLERIN Guten Morgen, Herr Svendson. Schuhe
    gefällig? *Sie packt große gelbe Schuhe aus.* Schöne, haltbare
    Halbschuhe, elf Kronen das Stück, echt tschechisches Fabri-
    kat!

SVENDSON Guten Tag, Frau Tschek. Sie wissen, wie ich mich über Ihre Besuche freue. Mein Geschäft geht ja nicht ganz so gut, wie es gehen könnte, so daß ich im Augenblick nicht neue Schuhe kaufen möchte, aber ich bestelle bestimmt nur bei Ihnen. Aber Sie sehen ein wenig echauffiert aus, Frau Tschek?

DIE SCHUHHÄNDLERIN *sich ab und zu scheu umsehend:* Da können Sie sich doch nicht wundern. Haben Sie denn nicht die furchtbare Geschichte mit dem Tabakhändler gehört?

SVENDSON Welche Geschichte?

DIE SCHUHHÄNDLERIN Da ist doch auf offener Straße ein Tabakhändler, ein gewisser Österreicher, überfallen worden. Ermordet und beraubt.

SVENDSON Was Sie nicht sagen! Das ist ja furchtbar.

DIE SCHUHHÄNDLERIN Die Leute ringsum reden von nichts anderem. Sie wollen jetzt eine Polizei bilden. Jeder soll beitreten. Sie müssen auch, Herr Svendson.

SVENDSON *unangenehm berührt:* Ich? Aber das ist ganz unmöglich. Ich eigne mich nicht für Polizeidienst, Frau Tschek, absolut nicht. Ich bin viel zu friedlich. Und mein Eisengeschäft läßt mir auch gar nicht die Zeit dazu. Ich will friedlich mein Eisen verkaufen und punktum.

DIE SCHUHHÄNDLERIN Der Mann, der den Tabakhändler überfallen hat, muß gut bewaffnet gewesen sein. Ich will auch eine Waffe haben, ich bin wirklich geängstigt. Schicken Sie mir eine Eisenstange zu, Herr Svendson.

SVENDSON Gern. Mit dem allergrößten Vergnügen, Frau Tschek. Eine Eisenstange, das macht eine Krone.

DIE SCHUHHÄNDLERIN *untersucht ihr Portemonnaie:* Na, da muß doch eine Krone sein.

SVENDSON Ihre Hände zittern ja, Frau Tschek.

DIE SCHUHHÄNDLERIN Da ist sie. *Sie hat die Krone herausgefischt.* Auf dem Weg zu Ihnen hat mich ein Mann angesprochen und mir seinen Schutz angetragen. Das hat mich vollends ganz verschreckt.

SVENDSON Warum das?

DIE SCHUHHÄNDLERIN Ja, wissen Sie, unter den Leuten, die ich kenne, habe ich keinen einzigen Feind. Nur den Mann kannte ich nicht. Und er wollte in mein Haus kommen, um mich zu beschützen, wie er sagte. Das ist doch unheimlich. Sagen Sie: fühlen Sie sich denn nicht bedroht?

SVENDSON Ich? Nein. Mit mir müssen sich ja alle gut stellen, weil
sie alle mein Eisen brauchen in so unsicheren Zeiten, wissen
Sie. Selbst wenn sie sich alle in die Haare geraten, müssen sie
auf mich Rücksicht nehmen. Weil sie mein Eisen brauchen.

DIE SCHUHHÄNDLERIN Ja, Sie sind fein heraußen. Auf Wiedersehen, Herr Svendson. *Sie geht.*

SVENDSON *ruft ihr nach:* Auf Wiedersehen, Frau Tschek! Ich
schicke die Stange! *Er steht auf und macht zu einer langweiligen Musik wieder schwedische Gymnastik.*
Herein der Kunde. Er trägt etwas unter dem Mantel versteckt.

DER KUNDE Was kostet das Eisen?

SVENDSON Eine Krone die Stange.

DER KUNDE Immer noch nicht billiger. Geben Sie her.

SVENDSON Wieder vier Stangen?

DER KUNDE Nein, acht.

SVENDSON Das macht acht Kronen.

DER KUNDE *langsam:* Ich möchte Ihnen einen Vorschlag machen,
angesichts der Tatsache, daß wir immerhin ein wenig verwandt
sind.

SVENDSON Nicht daß ich wüßte, lieber . . .

DER KUNDE Wenn Sie es auch noch nicht wissen, ganz recht. Ich
möchte Ihnen vorschlagen, nunmehr zu einem neuen Verfah-
ren überzugehen, einem Austauschverfahren: Ware gegen
Ware. Ich bin überzeugt, Sie rauchen Zigarren. Nun, hier sind
Zigarren. *Er zieht eine Schachtel mit großen Zigarren hervor.*
Ich kann sie Ihnen äußerst billig ablassen, da sie mich nichts
gekostet haben. Ich habe sie von einem Verwandten geerbt.
Und ich rauche nicht.

SVENDSON Sie rauchen nicht. Sie essen nicht. Sie rauchen nicht.
Und das sind Austrillos.

DER KUNDE Das Stück zu zehn Öre. Das sind zehn Kronen für
die Schachtel mit hundert Stück. Aber ich lasse sie Ihnen, unter
Vettern, für acht Kronen, also für das Eisen. Einverstanden?

SVENDSON Ich habe den Tabakhändler gekannt. Wie ist er denn
gestorben?

DER KUNDE Ganz friedlich, Mann, ganz friedlich. Still und friedlich. Ein Mann des Friedens. Er hat mich plötzlich zu sich gerufen. Und dann hat ihn ein Höherer zu sich gerufen. Es ging
alles ganz schnell. Er sagte nur noch: Bruder, laß den Tabak

nicht trocken werden, und verschied. Den Kranz, den er mir zum Willkomm vor die Tür gehängt hatte, legte ich ihm auf das Grab. *Er wischt sich eine Träne aus dem Aug. Dabei fällt ihm ein Revolver aus dem Ärmel. Er steckt ihn hastig wieder ein.* Er ist aus einer schlimmen Welt abberufen worden. Einer Welt, in der jeder jedem mißtraut. Einer Welt der Überfälle, der Unsicherheit der Straßen. Ich trage in letzter Zeit selber immer eine Waffe mit mir. Ungeladen, lediglich zum Abschrecken. Wie ist es mit den Zigarren?

SVENDSON Ich kann mir keine Zigarren leisten. Wenn ich etwas kaufen könnte, würde ich mir Schuhe kaufen.

DER KUNDE Ich habe keine Schuhe. Ich habe Zigarren. Und ich brauche das Eisen.

SVENDSON Wozu brauchen Sie denn das viele Eisen?

DER KUNDE Oh, Eisen kann man immer brauchen. *Sein Magen stößt wieder ein hohles Knurren aus.*

SVENDSON Sie sollten sich vielleicht lieber etwas zum Essen kaufen.

DER KUNDE Das kommt noch, das kommt noch. Ich muß jetzt weg, ich sehe, es sieht regnerisch aus, und ich habe einen Anzug an aus selbsterfundener Wolle, der keinen Regen verträgt. Vielleicht kann ich Ihnen für Ihr Eisen einen Ballen von diesem ausgezeichneten Stoff anbieten?

SVENDSON Gut, ich nehme Ihre Austrillos. Mein Laden geht nicht so gut, wie ich möchte. *Er nimmt die Schachteln.*

DER KUNDE *lacht höhnisch und lädt sich seine acht Eisenstäbe auf:* Auf Wiedersehen, Herr Svendson.

SVENDSON *telefoniert, genußvoll eine Austrillo rauchend:* Bist du das, Dansen? Was sagst du zu den letzten Ereignissen? – Ja, das sage ich auch. Ich sage gar nichts. – Aha, du machst dich auch nicht bemerkbar? Ja, ich mache mich auch nicht bemerkbar. – So, du verkaufst ihm auch noch? Ja, ich verkaufe ihm auch noch. – So, du bist auch nicht beunruhigt? Ja, ich bin auch nicht beunruhigt.

Es wird dunkel.

3

Im Eisenladen der Kalender zeigt Februar 1939.
Svendson sitzt, eine Austrillo rauchend. Herein eine Dame und
ein Herr.

DER HERR Lieber Herr Svendson, Frau Gall und ich wollten mit
Ihnen eine kleine Beratung abhalten, wenn Sie die Zeit erübri-
gen können.

SVENDSON Herr Britt, Sie können überzeugt sein, daß ich meinem größten Kunden jederzeit zur Verfügung stehe.
Der Herr und die Dame setzen sich.

DER HERR Es handelt sich um den entsetzlichen Überfall auf
Frau Tschek.

SVENDSON Ein Überfall auf Frau Tschek?

DER HERR Gestern nacht ist unsere Nachbarin Frau Tschek von
einem schwerbewaffneten Mann, dem Dingsda, überfallen,
umgebracht und beraubt worden.

SVENDSON Was? Frau Tschek umgebracht? Wie konnte das pas-
sieren?

DER HERR Ja wie? Auch wir sind ganz außer uns und können es
noch gar nicht begreifen. Frau Gall war besonders nahe befreundet mit ihr. Gestern abend kam plötzlich ein Geschrei um
Hilfe aus ihrem Haus. Frau Gall kam sogleich zu mir gelaufen,
und wir berieten stundenlang, was für sie geschehen könnte.
Dann begaben wir uns zum Haus der Unglücklichen und fanden sie tatsächlich in heftigem Disput mit diesem Dingsda. Er
verlangte irgendwas, was angeblich einem seiner Verwandten
gehörte, und wir rieten ihr, es ihm abzulassen, wenn er ihr dafür versprechen würde, sie künftig in Ruhe zu lassen. Sie war
einverstanden und er versprach es. Aber später in der Nacht
scheint er plötzlich zurückgekommen zu sein und die Arme
einfach ermordet zu haben.

DIE DAME Wir wären natürlich niemals weggegangen, wenn wir
seinem Versprechen nicht vertraut hätten.

DER HERR Es handelt sich jetzt darum, sämtliche Nachbarn in einem Verein zusammenzuschließen, der dafür sorgen kann, daß
so etwas nicht wieder vorkommt. Auch Sie fragen wir hiemit,

ob Sie einem solchen Verein zur Aufrechterhaltung der Ordnung beitreten und Ihren Namen in die Liste der Ordner ein-
tragen wollen. *Er reicht ihm eine Liste.*

SVENDSON *nimmt sie zögernd entgegen, unruhig:* Ja, aber ich bin
doch nur ein kleiner Eisenladen. Ich kann mich doch nicht in
den Streit der großen Firmen einmischen. Ein Beitritt von mir
zu einem solchen Verein könnte einige meiner Kunden doch
reizen.

DIE DAME Ach, Sie wollen auf jeden Fall Ihr Eisen verkaufen, an
wen immer?

SVENDSON Keineswegs! Wie können Sie so etwas sagen! Ich
habe ebensogut ein Gewissen wie Sie, denke ich. Ich bin nur
kein kriegerisches Gemüt, wissen Sie. An mein Geschäft
denke ich da gar nicht. Reden wir doch ein wenig gemütlicher.
Zu dem Herrn: Rauchen Sie?

DER HERR *betrachtet die Zigarren:* Austrillos!

DIE DAME Ich wäre den Herren dankbar, wenn Sie nicht rauch-
ten.

SVENDSON *irritiert, steckt die Kiste und seine Zigarre weg:* Entschuldigen Sie.

DER HERR Sie sprachen von Ihrem Gewissen, Herr Svendson.

SVENDSON Tatsächlich? Ja, natürlich. Ich kann Ihnen sagen, mir
ist jede Gewalttätigkeit tief zuwider. Ich schlafe seit den jüng-
sten Vorkommnissen keine Nacht mehr. In der Tat rauche ich
nur wegen meiner Nervosität jetzt soviel, Madame.

DIE DAME Sie stehen also dem Gedanken eines Vereins gegen Ge-
waltanwendung nicht grundsätzlich fern?

SVENDSON Fern oder nicht fern: jedenfalls sind meine Beweg-
gründe nur die allerideellsten.

DER HERR Wir sind natürlich von Ihrem rein idealen Standpunkt
überzeugt, sicher verkaufen Sie Ihr Eisen an den Dingsda nicht
etwa, weil Sie mit seinem Benehmen sympathisieren!

SVENDSON Keineswegs. Ich verurteile es.

DER HERR Und Sie fühlen sich auch nicht etwa verwandt mit
ihm, wie er behaupten soll?

SVENDSON Absolut nicht.

DER HERR Sie verkaufen lediglich, weil bezahlt wird und solange
bezahlt wird.

SVENDSON So ist es.

DER HERR Und Sie meinen, der Dingsda würde nicht mehr Ihr Eisen brauchen, wenn Sie in unserm Friedensbund wären, der Ihnen und allen andern Sicherheit garantiert?

SVENDSON Er braucht natürlich mein Eisen. Ich weiß wirklich nicht, was er daraus verfertigt . . .

DIE DAME *liebenswürdig:* Maschinengewehre!

SVENDSON *darüber hinweghuschend:* Wie gesagt, ich weiß das nicht, aber er würde es wohl auch dann kaufen müssen. Nur wie gesagt, er könnte doch gereizt sein, wissen Sie, und ich bin nun einmal friedlich veranlagt. Offen gestanden erwarte ich ihn eben jetzt, und es wäre mir lieber, wenn er Sie nicht in meinem Laden treffen würde. Er ist nämlich ungemein feinfühlig und enorm leicht gekränkt. Tun Sie mir also den Gefallen und . . .

Herein der Kunde, ein Paket unterm Arm.

DER KUNDE Was kostet das Eisen?

SVENDSON Eine Krone die Stange.

DER KUNDE Ach, da ist ja eine ganze Gesellschaft versammelt. Freunde von Ihnen, Svendson?

SVENDSON Hm. Ja. Nein. Gewissermaßen. Ein Geschäftsbesuch.

DER HERR Wir unterhielten uns über die Ermordung der Frau Tschek durch Sie, Herr.

DER KUNDE Durch mich?

DIE DAME Ja.

DER KUNDE Lüge! Hetze! Verleumdung!

DER HERR Was, Sie bestreiten die Ermordung der Frau Tschek?

DER KUNDE Und ob ich die bestreite! Frau Tschek, die mir durch nahe Verwandte, die bei ihr logierten, empfohlen wurde, hat mich gebeten, ihren Schutz zu übernehmen. Auf flehentliche Bitten meiner Verwandten habe ich nachgegeben und gestern Frau Tscheks Schutz übernommen. Es war ihre letzte große Freude auf dieser Erde. Kurz darauf verschied sie friedlich in meinen Armen an Altersschwäche. Das ist die Wahrheit, und aus dieser Begebenheit machen Sie und andere Leute dann eine Ermordung! Dabei waren Sie es selber, die mir Frau Tschek übergeben haben! Sie haben sie im Stich gelassen, und Sie werden alle Ihre Freunde im Stich lassen. Lieber Svendson, das sollte Ihnen zu denken geben!

DIE DAME Sie haben also die Frau Tschek nur gepflegt?

DER KUNDE Warum sollte ich ihr etwas angetan haben? *Sein Magen knurrt.*

DER HERR Und Sie wollen wirklich leugnen, daß Sie jedermann, der in Reichweite von Ihnen wohnt, bedrohen?

DER KUNDE Und wie ich das leugne! Ich bin hierhergekommen, um sechzehn Stäbe Eisen zu kaufen, Herr Svendson. Aber ich sehe, es herrscht hier eine mir feindselige Atmosphäre. Selbstverständlich kann Ihnen nicht zugemutet werden, jemandem Eisen zu verkaufen, der Ihnen gegenüber drohend auftritt. Ich frage Sie also, bedenken Sie Ihre Antwort wohl: fühlen Sie sich von mir bedroht?

SVENDSON Ich? Wieso fragen Sie das? Wie viele Stangen wünschten Sie? Ach, sechzehn? Ob ich mich von Ihnen bedroht fühle? Ich glaube kaum, daß mir das zugemutet werden kann. Wollen Sie wirklich darauf eine Antwort?

DER HERR, DIE DAME UND DER KUNDE Ja.

SVENDSON *packt die Eisenstäbe zusammen:* Dann sage ich Ihnen: nein. Ich fühle mich nicht bedroht.

Der Herr und die Dame gehen empört weg.

DER KUNDE *während Svendson mit der Liste der Ordner die Eisenstäbe für ihn abwischt:* Bravo. Das ist wenigstens noch Mut. Wir haben doch etwas Verwandtes, Svendson. Wenn Sie es auch leugnen. Man leugnet ja viel. Nebenbei: könnten nicht wir beide, die den Frieden so unbedingt lieben, einen kleinen Pakt abschließen, nach dem Sie auf alle Leute mit Eisenstangen und so weiter losgehen können außer auf mich und ich auf alle außer auf Sie?

SVENDSON *mit erstickter Stimme:* Das möchte ich nicht gern. Mein größter Kunde ...

DER KUNDE Aber ich muß mehr Eisen haben, Svendson. Man plant Schlimmes gegen mich. Man will mich überfallen. Alle wollen mich überfallen. Weil sie nicht mit ansehen können, wie es mir gut geht. *Sein Magen knurrt wieder.* Ich soll die Person um die Ecke gebracht haben! Lüge! Lüge! Lüge! Und wissen Sie, was ich bei ihr danach gefunden habe? Eine Eisenstange! Sie wollte auf mich los! Sie tun ja so recht, sich aus all diesen ekelhaften Streitigkeiten herauszuhalten. Sie sind Eisenhändler und nicht Politiker, Svendson. Sie verkaufen Ihr Eisen, wo es bezahlt wird. Und ich kaufe es bei Ihnen, weil Sie mir gefallen

und weil ich sehe, daß Sie von Ihrem Geschäft leben. Weil Sie
nicht gegen mich sind und sich nicht von meinen Feinden auf-
hetzen lassen, darum kaufe ich Ihr Eisen. Warum sollte ich es
sonst kaufen? Mit mir müssen Sie sich nicht verfeinden! Sie
wünschten neulich Schuhe? Hier habe ich Ihnen Schuhe mitge-
bracht. *Er packt große gelbe Halbschuhe aus.* Genau was Sie
brauchen, Svendson. Ich kann sie Ihnen billig berechnen. Wissen Sie, was sie mich gekostet haben?

SVENDSON *schwach:* Was?

DER KUNDE Nichts. Sehen Sie, und das kommt Ihnen zugute,
Svendson. Ja, wir werden noch die besten Freunde, besonders
wenn wir uns noch völlig über den Eisenpreis geeinigt haben.
Aber das werden wir noch. Helfen Sie mir doch mit den Stangen, Svendson.
*Svendson hilft ihm die Stangen aufpacken. Er nimmt je sechs
unter jeden Arm und die übrigen auf den Buckel und kriecht
schwerbeladen hinaus.*

SVENDSON Auf Wiedersehen!

DER KUNDE *wendet sich mühsam unter der Tür. Lächelnd:* Bald.

4

Im Eisenladen auf dem Kalender steht 19??.
*Svendson spaziert herum, eine Austrillo rauchend und in den Stie-
feln der Frau Tschek. Plötzlich setzt Kanonendonner ein. Svendson, in großer Unruhe, versucht vergebens zu telefonieren. Da ist
kein Anschluß mehr. Er dreht das Radio an. Da ist kein Radio
mehr. Er schaut aus dem Fenster. Da ist Feuerschein.*

SVENDSON Krieg! *Er läuft hastig zu seiner Preistafel, löscht mit
dem Schwamm die Ziffer 3 aus und schreibt in fliegender Eile
eine 4 hin.*
Herein der Kunde, allerhand unterm Mantel, kalkweiß.

SVENDSON *horchend:* Wissen Sie, woher der Kanonendonner
kommt?

DER KUNDE Der kommt von meinem knurrenden Magen. Wissen Sie, ich gehe jetzt Essen holen. Aber dazu brauche ich
mehr Eisen. *Er wirft den Mantel zurück und zeigt zwei Maschinenpistolen im Anschlag.*

SVENDSON Hilfe! Hilfe!

DER KUNDE Was kostet das Eisen?

SVENDSON *gebrochen:* Nichts.

[ANHANG]

[Szenenvariante]

Diele mit Rundtafel bei Norsen. Am Fenster steht Norsen und betrachtet einen Brand. Herein verstört Svendson. Ferner Donner.

NORSEN Bist du das wirklich, Svendson?

SVENDSON Frag nicht so dumm. Natürlich. Wer ist der Kerl, der vor deiner Tür herumlungert?

NORSEN Was für ein Kerl?

SVENDSON Ein kleiner Kerl, der vor deiner Tür stand, als ich kam, und weglief, als er mich sah.

NORSEN Ich habe keine Ahnung. Aber es ist mir sehr unangenehm, daß du gesehen worden bist, als du in meine Tür kamst.

SVENDSON Ein schöner Empfang, das! Unter alten Freunden!

NORSEN Still!

Sie horchen. Es klopft.

NORSEN Herein.

Eintritt Dansen, verstört.

SVENDSON Dansen! Bist du vor der Tür gestanden?

DANSEN Ja. Ich habe dich erst erkannt, als ich deinen Rücken sah.

NORSEN Wieso kommst du hierher in einer solchen Zeit?

DANSEN Bist du denn nicht verständigt?

NORSEN Keineswegs! Und auch nicht einverstanden! Was soll denn der Dingsda sagen, wenn er hört, daß wir hier die Köpfe zusammenstecken!

SVENDSON Aber er hat doch haben wollen, daß wir zu dir kommen! Er hat mir deswegen geschrieben!

DANSEN Mir auch.

NORSEN Das ist aber unheimlich.

SVENDSON Das ist es.

DANSEN Ungeheuer unheimlich.

NORSEN Wozu braucht er euch denn Briefe zu schreiben, wenn er doch bei euch täglich aus- und eingeht?

SVENDSON Verstehe ich auch nicht. Er behandelt mich furchtbar. Schleppt alles Eisen fort und zahlt mit Papierstückchen.

DANSEN Meine Schweine zahlt er auch nicht.

NORSEN Ich dachte, du kriegst keine Futterkuchen mehr, wenn er deinen Laden führt!

DANSEN Das dachte ich auch. Ich meinte, er wird ihn mich darum allein weiterführen lassen. Aber er holt sich die Futterkuchen irgendwo und schickt sie mir.

NORSEN Wir hätten einen Verband machen sollen, rechtzeitig.

SVENDSON Wir waren zu schwach.

NORSEN Unsinn. Wir hatten eine Waffe in der Hand. Wir konnten sagen, daß er kein Pfund Eisen, kein Pfund Fleisch und kein Pfund Hering mehr bekam, wenn er einen von uns angriffe. Und wir konnten unsere Waffen zusammenlegen. Er hat schon zu viel Feinde, als daß er auch noch uns als Feinde brauchen konnte.

SVENDSON Können wir das nicht jetzt noch machen?

DANSEN Unmöglich, er ist doch schon herinnen bei jedem von uns.

NORSEN Bevor er da war, konntest du damit drohen, dein Eisen zu ersäufen. Jetzt kannst du das nicht mehr.

SVENDSON *zu Dansen:* Hättest du nicht den Schlüssel zu meinem Lagerhaus ausgeliefert!

DANSEN Wärst du rechtzeitig gekommen, als er ihn abholte! Er kam mit Maschinenpistolen, die aus deinem Eisen gemacht waren!

SVENDSON Wie konntest du an einen Vertrag mit ihm glauben!

DANSEN Und du, daß er dein Eisen auch am Schluß noch bezahlen würde!

NORSEN Schreit nicht so laut. Er kann jeden Augenblick kommen!

SVENDSON Aber ein Verband wäre doch das Richtige gewesen.

DANSEN Damit ist es für immer aus.

NORSEN Still!

Schwere Tritte. Die Tür wird aufgestoßen. Herein der Kunde, mit dem Stahlhelm auf.

DER KUNDE *an den Tisch tretend:* Setzt euch. Ich habe keine Minute Zeit zu verschwenden.

Sie setzen sich um die Tafel. Der Kunde präsidiert.

DER KUNDE Vielleicht könnt ihr euch schon denken, warum ich euch herkommen ließ? Nein? Ein stupides Pack seid ihr! Euch muß man alles sagen. Von selbst kommt ihr auf nichts. Ich brauche ein grünes Tuch für den Tisch.

NORSEN Genügt ein Segel?

DER KUNDE Ja, aber paß gefälligst auf, daß du es nicht zerreißt, ich brauche alle deine Segel. *Norsen breitet ein Segel über den Tisch.* Also kurz heraus: Ich wünsche – und ich pflege meine Wünsche erfüllt zu sehen –, daß hier endlich eine Einigung zwischen euch erfolgt und ein Verband gegründet wird.

SVENDSON Was?

DER KUNDE Ruhe! Ein Verband. Ich habe euren Schutz übernommen. Meint ihr, ich habe die Schutzleute dutzendweise? Ich kann euch einen geben und nicht mehr. Dazu brauche ich den Verband. Sonst kommt weder das Eisen, noch der Hering, noch das Schweinefleisch pünktlich in meine Wohnung. Die Schlamperei und eigenbrötlerische Wirtschaft hier muß aufhören.

NORSEN Aber...

DER KUNDE Ruhe, sage ich. Aufstehen! Haltung annehmen! Einander die Hände reichen! Wird's bald? Einig Volk von Brüdern und so weiter. *Die drei stehen auf, reichen sich die Hände.* Historischer Augenblick! Hiemit ist die Union gegründet. Die Warenablieferung findet in Zukunft gemeinsam statt. Ihr seid also hiemit geeinigt. Was längst hätte geschehen sollen.

Übungsstücke für Schauspieler

Der Mord im Pförtnerhaus

Die folgenden Übertragungen der Mordszene aus »Macbeth« und des Streits der Königinnen aus »Maria Stuart« in ein prosaisches Milieu sollen der Verfremdung der klassischen Szenen dienen. Diese Szenen werden auf unsern Theatern längst nicht mehr auf die Vorgänge hin gespielt, sondern nur auf die Temperamentsausbrüche hin, welche die Vorgänge ermöglichen. Die Übertragungen stellen das Interesse an den Vorgängen wieder her und schaffen beim Schauspieler außerdem ein frisches Interesse an der Stilisierung und der Verssprache der Originale, als etwas Besonderem, Hinzukommendem.

DER MORD IM PFÖRTNERHAUS
(zu Shakespeares »Macbeth«, II, 2)

Ein Pförtnerhaus. Der Pförtner. Seine Frau und ein schlafender Bettler. Ein Chauffeur hat ein großes Paket gebracht.

DER CHAUFFEUR Geben Sie ja acht, das Zeug zerbricht leicht.
DIE FRAU *es nehmend:* Was ist es denn?
DER CHAUFFEUR Soll ein chinesischer Glücksgott sein.
DIE FRAU Schenkt sie es ihm?
DER CHAUFFEUR Ja, zum Geburtstag. Die Mädchen holen es bei Ihnen ab, Frau Fersen, sagen Sie denen noch extra, daß sie drauf aufpassen müssen, es ist mehr wert als das ganze Pförtnerhaus hier. *Ab.*
DIE FRAU Wozu brauchen die einen Glücksgott, wenn sie Geld wie Heu haben, möcht ich wissen! Wir brauchten einen.
DER PFÖRTNER Klag nicht immer, sei froh, daß wir die Stelle haben, das ist Glück genug, trag ihn in die Kammer.
DIE FRAU *mit dem Paket zur Tür gehend und über die Schulter zurücksprechend:* Es ist eine Schande, die können Glücksgötter kaufen, die mehr wert sind als ein ganzes Haus, und wir haben kein Dach überm Kopf, wenn wir nicht Glück haben, und dabei arbeiten wir den ganzen lieben langen Tag, man könnte eine Wut kriegen.

Sie stolpert beim Versuch, die Tür zu öffnen, und das Paket ent-
fällt ihr.

DER PFÖRTNER Paß auf!

DIE FRAU Es ist kaputt!

DER PFÖRTNER Teufel! Warum kannst du nicht aufpassen!

DIE FRAU Das ist furchtbar, sie jagen uns hinaus, wenn sie das sehen. Der Kopf ist ab. Ich bring mich um.

DER PFÖRTNER Ein Zeugnis kriegen wir nicht auf das hin. Wir
können grad so gut gleich mit dem da *zeigt auf den Bettler, der*
aufgewacht ist ziehen. Das kannst du nicht verantworten.

DIE FRAU Ich bring mich um.

DER PFÖRTNER Davon wird der nicht mehr ganz.

DIE FRAU Was sollen wir nur sagen?

DER BETTLER *schlaftrunken:* Ist etwas passiert?

DER PFÖRTNER Halt dein Maul. *Zur Frau:* Da gibt's nichts zu sagen, er ist uns übergeben worden und jetzt ist er hin, was willst
du sagen? Pack lieber.

DIE FRAU Vielleicht können wir doch was sagen. Irgendwas, daß
er schon kaputt war.

DER PFÖRTNER Er ist seit zehn Jahren da, sie glauben ihm mehr
als uns.

DIE FRAU Wir sind zwei, zwei Aussagen gegen eine.

DER PFÖRTNER Das ist ja Unsinn, meine Aussage gilt doch gar
nicht, da ich doch nur der Ehemann bin, ich kenne die Gnädige, sie läßt uns unsere paar Klamotten überm Kopf weg ver-
auktionieren, schon aus Rache.

DIE FRAU Wir müssen was finden.

Es klingelt draußen.

DER PFÖRTNER Sie kommen.

DIE FRAU Ich versteck's. *Sie läuft in die Kammer. Kommt zurück.*
Über den Bettler, der wieder schläft: War er wach?

DER PFÖRTNER Ja, ganz kurz.

DIE FRAU Hat er »es« gesehen?

DER PFÖRTNER Ich weiß nicht, warum?

Es läutet wieder.

DIE FRAU Bring ihn in die Kammer.

DER PFÖRTNER Ich muß aufmachen, sonst fällt es auf.

DIE FRAU Halt sie auf draußen. *Auf den Bettler:* Er hat's gemacht,
drinnen, wir wissen nichts, wenn sie kommen. *Rüttelt den*
Bettler auf. He du!

Der Pförtner will hinaus. Die Frau drängt den schlaftrunkenen Bettler in die Kammer. Kommt zurück und geht durch eine andere Tür gegenüber ab.

DER PFÖRTNER *zurück mit zwei Mädchen vom Gutshaus:* Kalt heute und ihr habt nicht einmal etwas übergezogen.

DIE HAUSHÄLTERIN Wir wollen nur rasch das Paket holen.

DER PFÖRTNER Wir haben es in die Kammer gebracht.

DIE HAUSHÄLTERIN Die gnädige Frau kann es schon nicht mehr erwarten, wo ist es?

DER PFÖRTNER Ich werde es am besten selber hinübertragen.

DIE HAUSHÄLTERIN Machen Sie sich keine Umstände, Herr Fersen.

DER PFÖRTNER Ich mache es gern.

DIE HAUSHÄLTERIN Das weiß ich, Herr Fersen, aber es ist nicht nötig, ist es hier herinnen?

DER PFÖRTNER Ja, das große Paket. *Sie geht hinein.* Das soll ja ein Glücksgott sein?

DAS MÄDCHEN Ja, die Gnädige ist wütend, daß der Chauffeur ihn nicht schon vor einer Stunde gebracht hat, man tut es ihr zum Possen, sie kann sich auf niemand verlassen, jeder denkt nur an seine eigene Persönlichkeit, und keiner will es gewesen sein, wenn etwas nicht klappt und so weiter. Na ja, alle lassen sich nicht in Stücke reißen für so eine Herrschaft, habe ich recht?

DER PFÖRTNER Ja, so ist es, es sind nicht alle gleich.

DAS MÄDCHEN Meine Tante sagte immer: wer mit dem Teufel frühstückt, muß einen langen Löffel haben.

DIE HAUSHÄLTERIN *aus der Kammer:* Das ist schrecklich.

DER PFÖRTNER UND DAS MÄDCHEN Was ist los?

DIE HAUSHÄLTERIN Das muß jemand mit Absicht getan haben! Der Kopf ist einfach abgerissen!

DER PFÖRTNER Abgerissen?

DAS MÄDCHEN Der Glücksgott?

DIE HAUSHÄLTERIN Schaut euch das an, ich merke gleich, wie ich es aufhebe, daß es zwei Stücke sind. Ich überlege noch, ob ich es aufmachen soll und nehme nur das Papier etwas weg, und der Kopf fällt heraus!

DER PFÖRTNER UND DAS MÄDCHEN Hinein!

DIE HAUSHÄLTERIN Das Geburtstagsgeschenk, und wo sie so abergläubisch ist.

DIE FRAU DES PFÖRTNERS *tritt ein:* Was ist los? Sie sind ja so aufgeregt.

DIE HAUSHÄLTERIN Frau Fersen, ich möchte Ihnen am liebsten gar nichts sagen, ich weiß, daß Sie eine so ordentliche Frau sind, aber der Glücksgott ist kaputtgegangen.

DIE FRAU Was? Kaputt? In meinem Haus?

DER PFÖRTNER *mit dem Mädchen zurück:* Ich kann es überhaupt nicht begreifen, wir sind erledigt, da vertraut man uns eine solche Sache an und dann passiert das! Ich kann ja der Gnädigen überhaupt nicht mehr ins Gesicht schauen!

DIE HAUSHÄLTERIN Wer ist denn schuld?

DAS MÄDCHEN Es muß der Bettler gewesen sein, der Hausierer. Er stellt sich, als ob er schliefe und plötzlich aufwache, aber er hatte den Bindfaden noch auf dem Schoß, wahrscheinlich wollte er in dem Paket nachsehen, ob was zum Stehlen drin war.

DER PFÖRTNER Teufel, ich hätte ihn nicht hinauswerfen sollen!

DIE HAUSHÄLTERIN Warum haben Sie ihn nicht festgehalten?

DER PFÖRTNER Ich versteh mich selber nicht, aber wer kann schon gleich immer an alles denken? Kein Mensch! Die Wut ist einfach mit mir fortgelaufen. Da liegt der Glücksgott, der Kopf einen Meter weg von dem Ding und auf der Bank dieser Mensch und tut, als wisse er von nichts, ich dachte überhaupt nur an die Gnädige.

DIE HAUSHÄLTERIN Den wird die Polizei schnell aufgegriffen haben.

DIE FRAU Mir ist ganz schlecht.

DER STREIT DER FISCHWEIBER
(Zu Schillers »Maria Stuart«, 3. Akt)

1

Straße. Frau Zwillich und ihr Nachbar auf dem Weg.

FRAU ZWILLICH Nein, ich brings nicht über mich, Herr Koch. Ich kann mich nicht demütigen. Es ist mir nicht viel geblieben, aber meinen Stolz hab ich noch. Mit Fingern möchten sie auf mich deuten am Fischmarkt: Das ist die, die der Scheit, diesem falschen Monstrum, die Schuh geleckt hat!

HERR KOCH Sie dürfen nicht so aufgeregt sein, Frau Zwillich, hin müssen Sie zur Scheit, wenn der ihr Neffe vor Gericht gegen Sie aussagt, kriegen Sie vier Monate hinaufgebrummt.

FRAU ZWILLICH Aber ich hab nicht falsch ausgewogen, alles ist Lüge.

HERR KOCH Natürlich, Frau Zwillich, wir wissen das, aber weiß es die Polizei? Die Scheit ist Ihnen an Schlauheit weit über, der sind Sie nicht gewachsen.

FRAU ZWILLICH Gemeine Tricks.

HERR KOCH Kein Mensch sagt, daß es korrekt von der Scheit ist, Ihnen ihren sauberen Neffen auf den Hals zu schicken, daß er Ihnen eine Flunder abkauft und dann damit zum Polizisten geht, damit die auf der Polizei nachwiegen! Natürlich wissen sie auf der Polizei, daß die Scheit Sie nur als Konkurrenz loskriegen wollte. Aber an den zwei Pfund von der Flunder fehlte eben leider doch dieses verhängnisvolle Deka!

FRAU ZWILLICH Weil ich beim Abwiegen mit dem Neffen geredet hab und nicht genau nachgewogen hab. Ich hab mich durch meine Freundlichkeit mit einem Kunden hineingebracht!

HERR KOCH Ihre Freundlichkeit loben alle, da ist nur eine Meinung.

FRAU ZWILLICH Freilich sind die Kunden zu mir gegangen und nicht zu ihr, weil ich aufmerksam bin und eine persönliche Note hineinbring. Das hat sie wild gemacht. Aber daß ich nicht nur meinen Stand von der Gewerbepolizei abgenommen bekommen hab und nicht mehr verkaufen darf, daß mir der Neffe auf ihren Befehl auch noch ein Gerichtsverfahren aufhängt, das ist zuviel.

HERR KOCH Und ganz vorsichtig müssen Sie noch sein, das sag ich Ihnen, ganz vorsichtig, wählen Sie Ihre Worte!

FRAU ZWILLICH »Wählen Sie Ihre Worte!« Weit ist es gekommen, daß ich zu einer solchen dreckigen Person, wo ins Kriminal gehört wegen Ehrabschneidung, meine Worte wählen soll!

HERR KOCH Sorgfältig! Es ist schon viel, daß sie erlaubt hat, daß ich Sie zu ihr bring, Frau Zwillich, verderben Sie jetzt nicht wieder alles durch Ihr Temperament und Ihre berechtigte Empörung.

FRAU ZWILLICH Herr Koch, ich kanns nicht, ich fühls, ich kanns nicht, den ganzen Tag hab ich auf ihren Bescheid gewartet, ob sie so gnädig sein will und mich anhören will. Nimm dich zusammen, hab ich zu mir gesagt, sie kann dich ins Kittchen bringen. Alles hab ich mir vorgestellt, wie ich ihr gut zureden würde und sie rühren möchte. Aber jetzt kann ichs nicht, ich weiß nur, daß ich sie haß, die Person, die ausgeschämte, und ihr die Augen auskratzen möcht. .

HERR KOCH Sie müssen sich beherrschen, Frau Zwillich, ich bitt Sie. Sie müssen sich Gewalt antun. Sie hat Sie in der Hand. Sagen Sie ihr, sie soll großmütig sein. Lassen Sie jetzt um Gottes willen allen Stolz weg, dafür ist jetzt nicht die Zeit.

FRAU ZWILLICH Ich versteh, daß Sies gut meinen. Ich will auch hingehen, aber glauben Sie mir, es kommt nichts Gutes dabei heraus. Wir sind wie Hund und Katze. Sie hat mich auf die Zehen getreten, und ich möcht ihr die Augen . . .
Sie gehen weg.

2

Fischmarkt am Abend. Nur noch ein einziges Fischweib, Frau Scheit, sitzt da. Neben ihr ihr Neffe.

FRAU SCHEIT Nein, ich red nicht mit ihr, warum auch? Jetzt, wo ich sie endlich los habe. Eine himmlische Stille war das gestern und heut auf dem Fischmarkt, seit sie weg ist mit ihrem falschen Getue: Ein hübscher Aal, die Gnädige, der Herr Gemahl wohlauf, nein, wie gut Sie heut wieder aussehen! Jedesmal ist mir die Galle hochgekommen.

EINE KUNDIN Jetzt hab ich mich ganz vertratscht und was koch ich jetzt zu Abend? Ein bißchen klein ist der Hecht, nicht?

FRAU SCHEIT Dann fischens Ihnen einen großen, Madamm. Ich kann nichts dafür, daß er nicht älter geworden ist, wenn Sie ihn nicht wollen, dann lassen Sie ihn eben liegen, ich werd mir nicht die Haare ausreißen.

DIE KUNDIN Seien Sie doch nicht gleich beleidigt, ich hab doch nur gesagt, daß er ein wenig klein aussieht.

FRAU SCHEIT Und einen Schnurrbart hat er auch nicht, da ist er eben nichts für Sie und damit basta, Hugo, pack die Körb ein, Feierabend.

DIE KUNDIN Ich nehm ihn schon, seien Sie doch nicht so wild.

FRAU SCHEIT Eins dreißig. *Gibt ihn ihr. Zum Neffen:* Da kommen die Leut nach Feierabend und sind dann noch wählerisch, das hab ich gern, und jetzt gehen wir.

DER NEFFE Aber du wolltest doch noch mit der Frau Zwillich reden, Tante.

FRAU SCHEIT Ich hab gesagt: Nach Feierabend, und ist sie da? *Frau Zwillich und Herr Koch kommen und bleiben in einigem Abstand stehen.*

DER NEFFE Da ist sie schon.

FRAU SCHEIT *als bemerkte sie Frau Zwillich nicht:* Die Körb pack zusammen, heut haben wir gar nicht schlecht verkauft, das Doppelte vom vorigen Donnerstag. Aus der Hand haben sies mir gerissen. »Mein Mann sagt immer, der Karpfen ist von Frau Scheit, das merk ich auf der Zung.« Die Leut sind wirklich ganz närrisch, als ob nicht ein Karpfen wie der andere wär!

FRAU ZWILLICH *zu Herrn Koch, schaudernd:* So redet eine nicht, die noch einen Funken Mitgefühl hat!

FRAU SCHEIT Wollen die Herrschaften vielleicht eine Flunder kaufen?

DER NEFFE Das ist doch die Frau Zwillich, Tante.

FRAU SCHEIT Was? Wer bringt mir die aufs Genick?

DER NEFFE Jetzt ist sie doch nun einmal da, Tante. In der Schrift heißts doch auch: Liebe deinen Nächsten!

HERR KOCH Machen Sie eine gute Miene zum schlechten Spiel, Frau Scheit. Sie haben eine unglückliche Person vor sich, sie traut sich gar nicht, Sie anzureden.

FRAU ZWILLICH Ich kanns nicht, Herr Koch.

FRAU SCHEIT Was sagt sie? Haben Sies gehört, Herr Koch? Eine unglückliche Person, die einen Gefallen haben will und Tag und Nacht sich die Augen ausheult, hab ich verstanden, daß ich nicht lach! Hochmütig ist sie! Frech wie immer!

FRAU ZWILLICH Schön, ich will auch das noch schlucken. *Zu Frau Scheit:* Sie habens geschafft. Sie können Ihrem Gott danken, aber jetzt übertreiben Sies nicht, geben Sie mir die Hand, Frau Scheit. *Sie streckt die Hand aus.*

FRAU SCHEIT Sie sind in die Lag gekommen, in die Sie sich selber hineinmanövriert haben, Frau Zwillich.

FRAU ZWILLICH Frau Scheit, denken Sie daran, daß das Glück wechseln könnt, auch Ihrs. Für mich hats schon gewechselt, und schließlich hören uns Leut zu, und Kolleginnen waren wir auch, so was hats ja aufm Fischmarkt noch nie gegeben! Lieber Gott, stehns doch nicht wie ein Felsbrocken! Ich kann doch nicht mehr als Sie auf den Knien bitten! Schlimm genug, daß ich ins Kittchen soll, wenn ich Sie nicht rühr, aber mir bleibt ja das Wort im Hals stecken, wenn ich Sie nur anschau.

FRAU SCHEIT Fassens Ihnen kurz, wenn ich bitten dürft. Ich hab keine Lust, daß mich die Leut mit Ihnen sehn. Ich hab nur als Christenmensch eingewilligt. Sie haben mir zwei Jahr lang die Kunden weggefischt.

FRAU ZWILLICH Ich weiß nicht mehr, was ich sagen soll, wenn ich die Wahrheit sag, sind Sie beleidigt, denn Sie haben nicht fein gehandelt an mir. Mit Ihrem Neffen seinem Flunderkauf haben Sie mich nur hereinlegen wollen, so was hab ich Ihnen und niemand zugetraut. Niemals. Ich hab nicht anders Fisch verkauft hier als Sie, und jetzt schleppens mich vor Gericht. – Schauens, ich will alles einen Zufall nennen. Sie sind nicht schuldig, ich bin nicht schuldig, wir haben Fisch verkaufen wollen und die Kunden sind zwischen uns gestanden. Ihnen erzählt man das, mir das. Sie hätten gesagt, meine Fisch stinken, ich, Sie haben ein bissel ein falsches Gewicht, oder umgekehrt. – Jetzt steht keiner mehr zwischen uns, wir könnten grad so gut Schwestern sein. Sie die ältere, ich die jüngere, es wär nie so weit gekommen, wenn wir uns rechtzeitig ausgesprochen hätten.

FRAU SCHEIT Da hätt ich eine schöne Schlange am Busen genährt! – Sie gehören nicht aufn Fischmarkt! Sie sind unredlich! Sie gönnen niemand ein Geschäft als sich selber! Sie haben mir einen Kunden nach dem andern weggeangelt mit Ihrem falschen Wesen und Ihrem süßlichen »Noch ein Buttchen, Madamm?« und wenn ichs Ihnen gesagt hab, haben Sie mir eine Beleidigungsklag angedroht, aber jetzt triffts Sie!

FRAU ZWILLICH Ich steh in Gottes Hand, Frau Scheit. Sie werden sich nicht so versündigen wollen. –

FRAU SCHEIT Wer sollt mich hindern? Sie haben zuerst von der Polizei geredet mit Ihre Beleidungsklagen! Wenn ich Sie loslaß und sag meinem Neffen, daß er die Klag zurückziehen soll, sitzen Sie morgen wieder hier, ich kenn Sie doch. Nicht Reu werden Sie zeigen, sondern einen Lippenstift werden Sie sich kaufen, damit der Kellner vom Roten Löwen Ihnen Ihren Schellfisch abnimmt! Das wird sein, wenn ich Gnad vor Recht ergehen laß.

FRAU ZWILLICH Behaltens den Fischmarkt! Verkaufens allein Fisch in Gottes Namen! Ich geb meinen Stand auf für ewig. Sie habens geschafft mit mir. Sie haben mich gebrochen. Ich bin nur ein Schatten von der Zwillichen, die ich gewesen bin. Jetzt machens ein End mit der Verfolgung und sagens ihr: Gehens in Frieden, ich hab Ihnen gezeigt, was eine Harke ist und jetzt zeig ich Ihnen, wie sich ein Christenmensch benimmt. Sagen Sie das und ich sag Dankschön und meins auch. Aber lassens mich nicht zu lang warten auf das Wörtchen. Wenn Sies nicht sagen und gehn zur Polizei – ich möcht nicht für alles in der Welt in Ihre Schuh stehen vor die Leut!

FRAU SCHEIT Sehens endlich, daß ich Sie am Boden hab? Sind Ihnen Ihre Tricks ausgegangen? Ist der Polizist vom Marktplatz ein bissel abgekühlt? Habens keine Ritter mehr? Sie gehen ja mit jedem ins Kino, der Ihnen eine Bestellung vermittelt und wenn er zehnmal verheiratet ist!

FRAU ZWILLICH Jetzt muß ich mich aber wirklich beherrschen, Sie gehn zu weit.

FRAU SCHEIT *nachdem sie sie lang verächtlich betrachtet hat:* Das ist also die Frau Zwillich, wo immer so freundlich ist, Hugo? Auf die alle fliegen und neben der unsereins nur ein altes Monstrum ist, so ein alter Dreckhaufen am Marktplatz, um den man herumgeht! Eine ganz gewöhnliche Hur ist sie.

FRAU ZWILLICH Das ist zuviel!

FRAU SCHEIT *höhnisch lachend:* So, das ist ihr wahres Gesicht! Jetzt ist ihr die hübsche Larv heruntergerutscht.

FRAU ZWILLICH *zornglühend, aber mit Würde:* Herr Koch, ich geb zu, ich bin jung und hab meine Fehler. Ich hab einen vielleicht ab und zu freundlich angeschaut, wenn er bei mir gekauft hat, aber ich hab nichts heimlich gemacht. Wenn das mein Ruf ist, kann ich nur sagen, ich bin besser als mein Ruf. An Sie kommts schon noch, Frau Scheit! Sie deckens zu, was Sie für Vergnügungen haben. Der ganze Markt weiß, daß Sie in keiner guten Haut stecken. Ihre Mutter war nicht umsonst im Kriminal seinerzeit!

HERR KOCH Um Gottes willen! Jetzt ist alles aus! Sie haben sich nicht beherrscht, Frau Zwillich, wie Sies versprochen haben!

FRAU ZWILLICH Beherrschung ist gut, Herr Koch. Ich hab geschluckt, was irgendein Mensch schlucken kann. Jetzt red ich, jetzt pack ich aus, alles. –

HERR KOCH Sie ist ganz außer dem Häuschen, sie weiß nicht, was sie sagt, Frau Scheit!

DER NEFFE Hör nicht hin auf sie, Tante! Komm, wir gehen! Ich nehm schon die Körb!

FRAU ZWILLICH Stinkende Fisch hat sie in den Roten Löwen geschickt! Ein Schandfleck ist sie für den ganzen Fischmarkt! Den Stand hat sie nur gekriegt, weil ihr sauberer Bruder einen Saufkumpan bei der Marktpolizei hat!

2. Zwischenszenen

Die Zwischenszenen für Shakespeares »Hamlet« und
»Romeo und Julia« sollen nicht etwa in Aufführungen
dieser Stücke eingefügt, sondern nur von den Darstellern
auf Stückproben gespielt werden. Die Fährenszene für
den Hamlet, einzuschieben zwischen die dritte und vierte
Szene des vierten Aktes, und die Rezitation des Schluß-
berichts sollen eine heroisierte Darstellung des Hamlet
verhindern. Die bürgerliche Hamletkritik begreift für gewöhnlich das Zaudern Hamlets als das interessante neue
Moment dieses Stückes, hält jedoch die Schlächterei des
fünften Aktes, das heißt die Abstreifung der Reflexion
und den Übergang zur »Tat« für eine positive Lösung.
Die Schlächterei ist aber ein Rückfall, denn die Tat ist eine
Untat. Das Zaudern des Hamlet erfährt durch die kleine
Übungsszene eine Erklärung: es entspricht der neuarti-
gen, bürgerlichen Verhaltungsweise, die bereits auf dem
politisch-sozialen Gebiet verbreitet ist. Die Zwischenszenen für »Romeo und Julia« sollen natürlich nicht den
schlichten Satz »Des einen Lust ist des andern Leid« bele-
gen, sondern die Darsteller des Romeo und der Julia in-
stand setzen, diese Charaktere widerspruchsvoll aufzu-
bauen.

HAMLET
Fährenszene
(zu spielen zwischen der dritten und vierten Szene des vierten
Aktes)

Eine Fähre. Hamlet und der Fährmann. Ein Vertrauter Hamlets.

HAMLET Was ist das für ein Gebäude dort am Ufer?
FÄHRMANN Das ist ein Kastell, Eure Hoheit, gebaut für die Kü-
stenwache.
HAMLET Aber was soll die Holzrinne zum Sund herunter?
FÄHRMANN Auf ihr werden die Fische auf die Boote verladen,
die nach Norwegen fahren.
HAMLET Ein sonderbares Kastell. Wohnen denn Fische drin?
FÄHRMANN Sie werden dort eingesalzen. Euer durchlauchtigster

Vater, der neue König, hat einen Handelsvertrag mit Norwegen abgeschlossen.

HAMLET Früher gingen unsere Soldaten dorthin. Man hat sie also jetzt einsalzen lassen? Sonderbarer Krieg.

FÄHRMANN Da ist kein Krieg mehr. Wir haben nachgegeben und auf den Küstenstrich verzichtet, und sie haben sich verpflichtet, unsere Fische abzunehmen. Seitdem haben wir dort mehr zu sagen als früher, wirklich, Herr.

HAMLET Dann sind wohl die Fische sehr für den neuen König?

FÄHRMANN Sie sagen: Der Kriegslärm macht die Mägen nicht voll, Herr. Sie sind für den König.

HAMLET Aber der Gesandte meines durchlauchtigen ersten Vaters, den müßt ihr von dem zweiten unterscheiden, ist, höre ich, am norwegischen Hof auf die Backe geschlagen worden. Ist das jetzt ausgelöscht?

FÄHRMANN Euer durchlauchtigster zweiter Vater, Herr, so zu sprechen, soll gesagt haben, der Herr Gesandte habe zu viel Backe für den Gesandten eines Landes, das zu viel Fische hat.

HAMLET Eine weise Zurückhaltung.

FÄHRMANN Wir hatten ein halbes Jahr schwere Sorgen hier an der Küste. Der König zauderte mit der Unterschrift.

HAMLET Wirklich, zauderte er?

FÄHRMANN Er zauderte. Einmal wurde die Wache im Kastell sogar verstärkt. Alle sagten: Es gibt Krieg und nicht Fischhandel. Oh, wie es hin und her ging, Hoffnung und Verzweiflung! Aber Gott leitete den guten König und er schloß den Vertrag ab.

DER VERTRAUTE HAMLETS Und die Ehre?

HAMLET Aufrichtig gesprochen, darin sehe ich keine Verletzung der Ehre. Die neuen Methoden, Freund. Das trifft man jetzt allenthalben. Das Blut riecht nicht mehr gut, ein Wandel des Geschmacks.

DER VERTRAUTE Unkriegerische Zeiten, schwächliche Geschlechter.

HAMLET Warum unkriegerisch? Vielleicht kämpfen jetzt die Fische? Ein amüsanter Gedanke, die Soldaten einzusalzen. Ein wenig Schande und viel Ehre. Und wer den Gesandten auf die Backe schlägt, muß den Fisch kaufen. Die Schande gräbt ihm das Grab und die Ehre ißt gern Fisch. So auch bringt sich neu-

erdings der Mörder in gute Erinnerung, indem er sich lächelnd
die Backe reibt, und der schlechte Sohn zeigt auf das Geld für
gut verkaufte Fische. Seine Skrupeln dem Mörder gegenüber,
nicht die dem Ermordeten gegenüber fangen an, ihn zu ehren,
seine Feigheit ist seine beste Seite, er wäre ein Schurke, wenn
er kein Schurke wäre und so weiter, und so heißt es sich schla-
fen legen, damit der Fischfang nicht gestört wird.
Der Handel blüht, das üppige Grab zerfällt.
O wieviel mehr anklagend, wenn zerfallend!
Ein Handel ist nicht abgeschlossen, doch
Den Schlußstrich ziehend, streichst du einen neuen
Voreilig durch, vielleicht gibt's auch nacheilig?
Jedoch ein Schurke atmet auf? Und wird
Fast schon ein guter Mann, scheint's nicht nur, ist's!
Und du reiß ein, was aufgebaut wird, weil's
Auf Trümmern steht (und wächst und Früchte bringt!)
Füll das Kastell mit Schlächtern wieder, kehr zurück
Zur blutigen Tat, weil jener mit ihr anfing!
Oh, hätt er doch gezaudert! Hätt er doch!

Schlußbericht

Und so, sorgsam benutzend Schall zufälliger Trommeln
Den Schlachtruf unbekannter Schlächter gierig aufnehmend
Schlachtet er, durch solchen Zufall endlich ledig
Seiner so menschlichen und vernünftigen Hemmung
In einem einzigen, schrecklichen Amoklauf
Den König, seine Mutter und sich selbst.
Rechtfertigend seines Nachfolgers Behauptung
Er hätte sich, wäre er hinaufgelangt, sicher
Höchst königlich bewährt.

ROMEO UND JULIA
Die Bedienten
(zu spielen zwischen der ersten und zweiten Szene des zweiten
Aktes)

1
Romeo und einer seiner Pächter.

ROMEO Ich sagte dir schon, Alter, ich brauche das Geld und
nicht für eine schlechte Sache.

PÄCHTER Aber wo sollen wir hingehen, wenn Eure Lordschaft
das Grundstück jetzt so plötzlich verkaufen? Wir sind zu
fünft.

ROMEO Kannst du dich nirgends verdingen? Du bist doch ein
guter Arbeiter, von mir bekommst du die besten Zeugnisse.
Ich muß das Geld haben, ich habe Verpflichtungen, davon verstehst du nichts, oder soll ich dir erklären, daß ich eine Dame,
die mir alles gegeben hat, nicht ohne jedes Präsent auf die
Straße setzen kann? Adieu, mein Lieb, und sonst nichts?
Willst du, daß ich eine solche Gemeinheit begehe? Dann bist
du nichts als ein schäbiger Schuft, ein selbstsüchtiger Hund.
Und Abschiedspräsente kosten. Und sie sind wahrhaftig
selbstlos, das mußt du zugeben, man bekommt nichts mehr
dafür. Ist es so, alter Freund? Sei kein Spielverderber. Wer hat
mich auf den Knien geschaukelt und mir den ersten Bogen ge-
schnitzt, wenn nicht du? Soll es heißen: Selbst Gobbo versteht
mich nicht mehr, läßt mich kalt im Stich, wünscht mich einen
Schubiak? Mensch, ich liebe! Ich würde alles opfern. Ich
würde selbst eine Untat begehen für sie, die ich liebe, einen
Mord. Ich würde darauf stolz sein, das verstehst du nicht. Du
bist zu alt, alter Gobbo, vertrocknet. Verstehst du, ich muß die
andere loswerden. Und nun habe ich dich in mein Vertrauen
gezogen und jetzt frage ich dich; bist du noch der alte Gobbo,
der du warst, oder nicht? Antworte.

PÄCHTER Herr, ich bin kein Redner. Aber ich weiß nicht, wohin
mit meinen Leuten, wenn Sie mich von Ihrem Grundstück
jagen.

ROMEO Armer alter Gobbo. Er versteht nicht mehr. Ich sage ihm, daß ich in Flammen stehe, und er murmelt etwas von einem Grundstück. Habe ich ein Grundstück? Ich habe es vergessen. Nein, ich habe kein Grundstück, oder doch, es muß weg, was weiß ich von Grundstücken: ich verbrenne.

PÄCHTER Und wir hungern, Herr.

ROMEO Dummkopf. Kann man nicht vernünftig reden mit dir! Könnt ihr Tiere nicht fühlen? Dann weg mit euch, je bälder, desto besser.

PÄCHTER Ja, weg mit uns. Da, wollen Sie auch noch meine Jacke? *Er zieht sie aus.* Meinen Hut? Die Stiefel? Sind wir Tiere? Dann müssen wir doch fressen.

ROMEO Ah, so also kommst du mir? Das ist dein wahres Antlitz? Das du fünfundzwanzig Jahre versteckt hast wie einen Flecken Aussatz? Das ist der Lohn, daß ich menschlich mit dir rede? Schau, daß du wegkommst! Sonst vergreif ich mich noch an dir, du Tier.

Er jagt ihn fort, aber während der Liebesszene lungert er noch hinten herum.

ROMEO Der Narben lacht, wer Wunden nie gefühlt.

2

Julia und ihre Dienerin.

JULIA Und du liebst deinen Thurio? Wie liebst du ihn?

DIENERIN Wenn ich nachts schon das Vaterunser hinter mir habe und die Amme schon schnarcht, mit Verlaub, stehe ich noch einmal auf und gehe barfuß zum Fenster, Fräulein.

JULIA Nur, weil er vielleicht unten stehen könnte?

DIENERIN Nein, nur weil er schon einmal unten gestanden ist.

JULIA Oh, wie ich das verstehe. Ich schaue den Mond gern an, weil wir ihn zusammen angesehen haben. Aber sage mir noch mehr darüber, wie du ihn liebst. Wenn er zum Beispiel in Gefahr käme ...

DIENERIN Meinen Sie, wenn er zum Beispiel entlassen würde? Ich würde stracks zu seinem Herrn laufen.

JULIA Nein, wenn sein Leben bedroht wäre ...

DIENERIN Ach, wenn Krieg wäre? Da würde ich solange in ihn hineinreden, bis er sich krank stellte und einfach nicht aus dem Bett aufstünde.

JULIA Aber das wäre feige.

DIENERIN Ich würde schon erreichen, daß er feige wäre. Wenn ich mich zu ihm legte, bliebe er schon im Bett.

JULIA Nein, ich meinte, wenn er in Gefahr käme und du könntest ihn retten, indem du selber dein Leben opfertest.

DIENERIN Meinen Sie, wenn er die Pestilenz bekäme? Ich würde ein Tüchlein mit Essig in den Mund nehmen und ihn pflegen, sicher.

JULIA Würdest du überhaupt noch an das Tüchlein denken?

DIENERIN Wie meinen Sie das?

JULIA Und es hilft doch auch nicht.

DIENERIN Nicht viel, aber etwas doch.

JULIA Jedenfalls würdest du also dein Leben für ihn aufs Spiel setzen und das würde ich für meinen Romeo auch. Aber noch etwas: wenn er zum Beispiel in den Krieg ginge und zurückkäme und es fehlte ihm etwas?

DIENERIN Was?

JULIA Das kann ich nicht sagen.

DIENERIN Ach, so, das! Da würde ich ihm die Augen auskratzen.

JULIA Warum?

DIENERIN Weil er in den Krieg gezogen ist.

JULIA Es wäre also aus zwischen euch?

DIENERIN Ja, wäre es denn nicht aus?

JULIA Du liebst ihn überhaupt nicht.

DIENERIN Was, das nennen Sie nicht Liebe, wenn ich so gern mit ihm zusammen bin?

JULIA Aber es ist eine irdische Liebe.

DIENERIN Das ist schön, irdische Liebe, nicht?

JULIA Das schon. Aber ich liebe meinen Romeo mehr, das kann ich dir sagen.

DIENERIN Meinen Sie, weil ich so gern mit meinem Thurio zusammen bin, liebe ich ihn nicht so? Aber vielleicht vergebe ich ihm sogar das, von dem Sie gesprochen haben. Ich meine, wenn die erste Aufregung vorüber wäre. Sicher. Ich liebe ihn doch zu stark.

JULIA Aber du hast gezaudert.

DIENERIN Das war aus Liebe.

JULIA *umarmt sie:* Das ist auch wahr. Du mußt heute abend zu ihm gehen.

DIENERIN Ja, wegen der andern. Ich bin so froh, daß Sie mir frei geben. Wenn er sie trifft, ist alles aus.

JULIA Und du bist sicher, daß du ihn an der Hintertür an der Mauer abfangen kannst?

DIENERIN Ja, da muß er heraus. Und er sollte sie erst um elf Uhr treffen.

JULIA Wenn du hier jetzt weggehst, kannst du ihn nicht versäumen. Hier, nimm dieses Kopftuch, das ist hübsch, und was hast du für Strümpfe an?

DIENERIN Meine besten. Und ich will das freundlichste Lächeln aufsetzen und netter zu ihm sein, als ich je gewesen bin. Ich liebe ihn sehr.

JULIA War das nicht ein Zweig, der knackte?

DIENERIN Es war, als ob jemand von der Mauer gesprungen wäre. Ich will nachsehen.

JULIA Aber versäume nicht deinen Thurio.

DIENERIN *am Fenster:* Wer, glauben Sie, ist von der Mauer gesprungen und wer steht unten im Garten?

JULIA 's ist Romeo! Oh, Nerida, ich muß ihn vom Balkon aus sprechen.

DIENERIN Aber der Türschließer schläft unter Ihrem Zimmer, Fräulein. Er wird alles hören. Plötzlich wird niemand mehr hier im Zimmer herumgehen, aber auf dem Balkon und draußen wird gesprochen werden.

JULIA Dann mußt du hier auf- und abgehen und an der Schüssel rücken, als ob ich mich wüsche.

DIENERIN Aber dann werde ich meinen Thurio nicht treffen und alles wird für mich aus sein.

JULIA Vielleicht wird er auch abgehalten heute abend, er ist doch ein Bediensteter. Geh hier hin und her und rück an der Waschschüssel. Liebe, liebe Nerida. Laß mich nicht im Stich, ich muß ihn sprechen.

DIENERIN Kann es nicht schnell geschehen? Bitte machen Sie es schnell ab.

JULIA Sehr schnell, Nerida, sehr schnell, geh hier im Zimmer auf und ab. *Sie erscheint auf dem Balkon. Die Dienerin geht auf und ab und rückt mitunter an der Schüssel während der Liebesszene. Als es elf Uhr schlägt, fällt sie in Ohnmacht.*

3. Rundgedichte

Eine gute Übung ist das Aufsagen von Rundgedichten wie
>   Ein Hund ging in die Küche
>   Und stahl dem Koch ein Ei.
>   Da nahm der Koch das Hackbeil
>   Und schlug den Hund entzwei.
>   Da kamen die andern Hunde
>   Und gruben ihm ein Grab.
>   Und setzten ihm einen Grabstein
>   Der folgende Inschrift hat:
>   Ein Hund ging in die Küche . . .

Die Achtzeiler werden jeweils verschieden im Gestus aufgesagt
wie von verschiedenen Charakteren in verschiedenen Situatio-
nen. Die Übung kann auch noch zur Erlernung der Fixierung der
Vortragsart benutzt werden.

4. Der Wettkampf des Homer und Hesiod

ist der altrömischen Homerlegende entnommen und
stützt sich auf eine Übertragung von Wolfgang Schade-
waldt (»Legende von Homer, dem fahrenden Sänger«,
Verlag Eduard Stichnote, Potsdam). Das Übungsstück
gibt die Gelegenheit, das Sprechen von Versen zu studieren und zugleich den Charakter zweier ehrgeiziger
Greise zu zeichnen, die einen gestenreichen Kampf vor-
führen.
Mitarbeiterin: Ruth Berlau.

VORLESER Es begab sich, daß auf der Insel Euboia Ganyktor die
  Leichenfeier für seinen Vater, König Amphidamas, begehen
  wollte. Da lud er alle Männer, welche sich in Leibeskraft und
  Schnelligkeit, doch auch durch Kunst und Wissen hervortaten,
  zu Wettspielen nach seiner Stadt Chalkis und stiftete ihnen zu
  Ehren kostbare Preise. Da machte sich auch Homer auf den
  Weg und traf von ungefähr, so wird berichtet, in Aulis mit dem
  Sänger Hesiodos zusammen, und beide fanden sich miteinan-
  der in Chalkis ein. Zu Kampfrichtern waren edle Chalkidische
  Herren bestellt, darunter des toten Königs Bruder, Panedes.
  Da lieferten die beiden Sänger sich einen herrlichen Kampf,
  Sieger aber, so erzählt man, blieb Hesiod, und das kam so.
  Hesiod trat in den Ring und legte Homer Frage um Frage vor
  und Homer mußte antworten. Und Hesiod begann:
HESIOD Lieber Bruder Homer, man rühmt dich, weil du der
                                              Dichtung
  Große Gedanken vermengst. So los denn, laß uns
                                              Gedanken
  Haben! Sag uns zuerst: Was wär den Menschen das Beste?
  Und was wär, fürsorglich gedacht, das nächste des Besten?
HOMER Nimmer geboren sein, das wär den Menschen das Beste!
  Einmal geboren jedoch, alsbald zum Hades zu fahren!
HESIOD Schön. Etwas finster vielleicht ...
HOMER
                          Nicht sehr.
HESIOD   Doch ein wenig. So sag uns:
  Was wär, deines Bedünkens, das Köstlichste unter der Sonne?

HOMER

Das: Wenn Fröhlichkeit rings in der Stadt die Gemüter
erfüllet.

Und dann schmausen die Gäste im Saal und lauschen dem
Sänger

Bank an Bank, in Reihn, und rundum über den Tischen

Türmen sich Brot und Fleisch und der Mundschenk schöpft
aus dem Mischkrug

Keinem fehlenden Wein und bringt ihn und füllet die Becher:

Das ist köstlich, ist mir bei weitem das Schönste auf Erden.

VORLESER Als diese Verse verklungen waren, riefen sie die helle
Bewunderung der Griechen hervor, dergestalt, daß man sie die
»Goldenen Sprüche« hieß und noch heutzutage mit ihnen die
Schmäuse und Spenden beginnt bei den gemeinsamen Opfer-
festen.

Den Hesiod aber verdroß es, daß Homer einen so guten Tag
hatte. So ging er zu verfänglichen Fragen mit Doppelsinn über.
Er sprach eine Reihe von Versen, die sich närrisch ausnahmen,
und verlangte, daß Homer stets so einfallen sollte, daß etwas
Verständiges daraus wurde.

HESIOD

Rindfleisch gab es zum Mahl und die dampfenden Hälse der
Pferde –

HOMER

Lösen sie unter dem Joch; sie hatten sich müde gestritten.

HESIOD

Keiner ist so voll Eifers an Bord wie der Phryger, der
Faulpelz –

HOMER

Ruft man die Mannen am Strande zur Nacht, das Essen zu
fassen.

HESIOD

Der war tapfer vor allen im Kampf und immer in Ängsten –

HOMER

Bangte die Mutter um ihn; ist Krieg doch hart für die Frauen.

HESIOD

Sie aber schmausten von früh bis spät, und hatten doch gar
nichts –

HOMER

    Mitgebracht, doch der Wirt gewährte es ihnen in Fülle.

HESIOD

    Rüstig packten sie an mit der Hand die lodernde Feuerflut –

HOMER

    Gar nicht achtend, ihr Boot ins löschende Wasser zu ziehen.

HESIOD

    Als sie nun aber gespendet und ausgetrunken die Salzflut –

HOMER

    Abermals zu befahren bereit mit gebordeten Schiffen –

HESIOD

    Rief Agamemnon laut zu den Göttern allen: Verderbt uns –

HOMER

    Nicht auf dem Meer!

HESIOD   So betete er, und wieder begann er:

    Laßt es euch schmecken, ihr Männer, unbesorgt: keiner von
                                       uns wird

    Je das ersehnte Gestade der Heimaterde erreichen …

HOMER

    Wund und siech, nein, heil und gesund kehrt jeder nach
    Hause!
    Sicher, das ist's, was du meintest, du reichtest mir trefflich den
    Ball hin!

VORLESER Allein Hesiod wollte es dem Homer nicht gönnen,
daß er durchaus das Feld behaupten sollte, und begann von
neuem.

HESIOD

    Sage mir dann und füg's in den Vers, o Sprosse des Meles:
    Wie und in welcherlei Geist gedeihen die Völker am besten?

HOMER

    Wenn sie nicht dulden, daß einer verdient an Geschäften, die
                                      anderen
    Irgend Verluste bringen. Und wenn sie den Preis auf die
                                      Tugend
    Statt auf das Laster setzen, das heißt wenn sie Tugend
                                    ertragreich
    Laster hingegen gefahrvoll und teuer zu machen verstehen.

HESIOD

    So, daß stets der Gemeinnutz geh vor dem Eigennutz, meinst
                                      du?

HOMER

Nein, mein Freund, es muß alles so eingerichtet im Staat
sein
Daß der Eigennutz immer auch gleich den Gemeinnutz
bedeutet.

HESIOD

Also bist du dafür, daß man selbisch ist, Sänger der Götter?

HOMER

Daß man, erkennend sein Wohl, es allzeit gut mit sich selbst
meint.

HESIOD

Bringt so Gemeinsinn nichts zustande oder zu wenig?

HOMER

Doch, Freund, viel und genug und ist, wenn gemeinsam,
natürlich.

HESIOD

Gibt es nicht Einen, dem doch selbst du Vertrauen
gewährtest?

HOMER

Ja, wenn mit seinem Geschäft er ganz die gleiche Gefahr läuft.

HESIOD

Was aber gilt als Gipfel des Glücks den sterblichen Menschen?

HOMER

Wenn man nur wenig gelitten und viel sich im Leben gefreut
hat.

VORLESER Als auch dieser Gang geendet war, verlangten die
Griechen einhellig, daß man den Homer zum Sieger krönen
sollte. Doch König Panedes ordnete an, die beiden Sänger sollten ein jeder noch das schönste Stück aus ihren eigenen Dich-
tungen sprechen. Da begann Hesiod und sprach aus den »Wer-
ken und Tagen«.

HESIOD

Wenn sich im Siebengestirn die Atlastöchter erheben
Also beginne die Mahd, das Pflügen, wenn sie versinken!
Vierzig Nächte sind jene und vierzig Tage verborgen
Jeglichem Aug, doch dann im Lauf der rollenden Jahreszeit
Steigen sie wieder empor mit dem frühesten Schärfen des
Eisens.
Das ist im Flachland der Brauch, ob nah dem offenen Meere

Draußen der Landmann wohnt, ob er tief in den Gründen
der Berge
Fern der brausenden See auf trächtigem Boden sein Korn baut.
Nackend sei er beim Sä'n und nackend folg er dem Pfluge
Nackt sei der Mäher zumal, wenn reif in den Halmen die
Frucht steht.

VORLESER Darauf Homer aus der Ilias!

HOMER
Und nun schlossen sie rings die Reihn um die beiden Aianten
Fest: da hätte nicht Ares, der Gott, einen Makel gefunden
Pallas nicht, die Völker-Erregerin, sondern die Besten
Waren erlesen, den Troern zu stehn und dem göttlichen
Hektor
Fugten den deckenden Schild an den Schild und Lanze an
Lanze
Rand aber drängte den Rand, Mann Mann, und Sturmhut
den Sturmhut
Buschige Helme berührten mit blinkenden Bügeln einander
Wenn sie nickten: so dicht aufeinander standen die Mannen.
Übers Gefilde der Schlacht, der männermordenden, sträubten
Lang sich Lanzen empor, zum Stoß erhoben. Geblendet
Ward das Auge vom Strahl, dem ehernen, glänzender Helme
Frischgeglätteter Brünnen und widerscheinender Schilde
Als einander man kam. – Das mußt ein gar rauher Gesell sein
Dem es behagte, das Würgen zu schauen, und spürte kein
Grauen!

VORLESER Wieder waren die Griechen über Homer verwundert,
priesen es, wie kunstgerecht seine Verse geraten seien, und verlangten, daß man ihm den Sieg zusprechen sollte. Allein, König Panedes drückte den Kranz Hesiodos aufs Haupt, denn es
sei recht und billig, erklärte er, daß dem Manne der Sieg ge-
höre, welcher zu Landbau und Friedensarbeit rufe, statt
Kriege und Schlachten zu schildern.

Anmerkungen

Die Bibel

Entstehung: 1913.

Erstdruck: Die Ernte, Nr. 6, Januar 1914.

Literatur: Hillesheim, Jürgen: Die Bibel. In: Knopf, Jan (Hg.): Brecht Handbuch. Band 1: Stücke. Stuttgart/Weimar 2001, S. 67-69. – Hillesheim, Jürgen/Wolf, Ute (Hg.): Bertolt Brechts ›Die Ernte‹. Die Augsburger Schülerzeitschrift und ihr wichtigster Autor. Gesamtausgabe. Augsburg 1997. – Rohse, Eberhard: Der frühe Brecht und die Bibel. Studien zum Augsburger Religionsunterricht und zu den literarischen Versuchen des Gymnasiasten. Göttingen 1983.

Am 12. September 1919 schreibt Brecht in Augsburg an seine Freundin Paula Banholzer nach Kimratshofen bei Kempten, wo diese am 30. Juli 1919 den gemeinsamen Sohn Frank zur Welt gebracht hat: »Hier ist nicht viel los. Ich arbeite ziemlich viel. Bis jetzt sind vier Einakter fertig, die zwei neuen sind aber je doppelt so groß als die ersten.« (Brief 72.)

Die Hochzeit

Entstehung: Herbst 1919.

Uraufführung: Schauspielhaus Frankfurt a. M., 11. Dezember 1926. Regie: Melchior Vischer.

Erstdruck: Höllerer, Walter (Hg.), in Zusammenarbeit mit Marianne Heyland und Norbert Miller: Spiele in einem Akt. 35 exemplarische Stücke. Frankfurt a. M. 1961, S. 166-184.

Literatur: Hillesheim, Jürgen: Die Einakter von 1919 (Die Hochzeit, Der Bettler oder Der tote Hund, Er treibt einen Teufel aus, Lux in tenebris, Der Fischzug). In: Knopf, Jan (Hg.): Brecht Handbuch. Band 1: Stücke. Stuttgart/Weimar 2001, S. 100-111. – Vinçon, Inge: Die Einakter Bertolt Brechts. Königstein/Ts. 1980.

»Der Bräutigam zimmert sich, ein zweiter Leo Tolstoi, das Mobiliar der Ausstattung mit eigener Säge und eigenem Leim. Aber dieser Eigenbau der Möbel, vom Tisch der Hochzeitsgäste bis zu dem Bett des Ehepaars – er bricht zusammen. Bricht zusammen wie diese ganze Ehe einst zusammenbrechen wird. [...] Der lustige Brecht hat sicher keine kummervollen Nächte über dem Manuskript von dieser Hochzeit zugebracht. Es fehlt hier nicht Talent, es fehlt an Arbeit und Verdichtung.« *(Bernhard Diebold, Frankfurter Zeitung, 13. 12. 1926.)*

Der Bettler oder Der tote Hund
Entstehung: Herbst 1919.
Uraufführung: Tribüne, Berlin/West, 27. September 1967. Regie: Moritz Milar.
Erstdruck: Teichmann, Carl-Ernst/Zimmermann, Rosemarie (Hg.): Wer zuletzt lacht. Eine Auswahl heiterer Stücke für Laienspielgruppen. Berlin/DDR 1965, S. 138-143.
Literatur: Hillesheim, Jürgen: Die Einakter von 1919 (Die Hochzeit, Der Bettler oder Der tote Hund, Er treibt einen Teufel aus, Lux in tenebris, Der Fischzug). In: Knopf, Jan (Hg.): Brecht Handbuch. Band 1: Stücke. Stuttgart/Weimar 2001, S. 100-111. – Vinçon, Inge: Die Einakter Bertolt Brechts. Königstein/Ts. 1980.

»Ein König, auf dem Weg zu seiner Siegesfeier, gerät ins Gespräch mit einem blinden Bettler. Im Verlauf des Dialogs demontiert der Blinde Geschichts-, Bild- und Weltverständnis des Potentaten. Geschichte besteht nicht aus den Geschichten der Alexander und Napoleon, sondern aus dem Alltag der kleinen Leute. Nicht der vermasselte Feldzug ist wichtig, sondern die verhagelte Ernte, nicht der Sieg des Königs ist memorabel, sondern der Tod eines Hundes, der dem Bettler gehörte.« *(Uwe Sand, Spandauer Volksblatt, 29. 10. 1967.)*

Er treibt einen Teufel aus
Entstehung: Herbst 1919.
Uraufführung: Stadttheater Basel, 3. Oktober 1975. Regie: Richard Peter.
Erstdruck: Stücke. Band 13: Einakter. Frankfurt a. M. 1966, S. 71-92.
Literatur: Hillesheim, Jürgen: Die Einakter von 1919 (Die Hochzeit, Der Bettler oder Der tote Hund, Er treibt einen Teufel aus, Lux in tenebris, Der Fischzug). In: Knopf, Jan (Hg.): Brecht Handbuch. Band 1: Stücke. Stuttgart/Weimar 2001, S. 100-111. – Vinçon, Inge: Die Einakter Bertolt Brechts. Königstein/Ts. 1980.

»Gleich zu Beginn gab es dann eine kleine Sensation: die Uraufführung eines Stücks von Bertolt Brecht, ›Er treibt den [!] Teufel aus‹. Ein Liebespaar, verfolgt von den Eltern des Mädchens und der Dorfbevölkerung, klettert auf das Dach eines Hauses und will sich dort verstecken, aber es wird entdeckt, zum Gelächter der Dorfbevölkerung, zum Verdruß der Eltern des Mädchens [. . .] eine besondere Genialität ist in diesem Jugendwerk nicht zu entdecken.« *(Aurel Schmidt, Nationalzeitung am Sonntagabend, Basel, 5. 10. 1975.)*

Lux in tenebris
Entstehung: Herbst 1919.
Uraufführung: Städtische Bühnen Essen, 12. Juni 1969. Regie: Dieter Dorn.
Erstdruck: Stücke. Band 13: Einakter. Frankfurt a. M. 1966, S. 93-124.
Literatur: Hillesheim, Jürgen: Die Einakter von 1919 (Die Hochzeit, Der Bettler oder Der tote Hund, Er treibt einen Teufel aus, Lux in tenebris, Der Fischzug). In: Knopf, Jan (Hg.): Brecht Handbuch. Band 1: Stücke. Stuttgart/Weimar 2001, S. 100-111. – Vinçon, Inge: Die Einakter Bertolt Brechts. Königstein/Ts. 1980.

»Einundzwanzig und noch kein Marxist war Brecht, als er ›Lux in tenebris‹ schrieb. Trotzdem ist es als Vorläufer der späteren Lehrstücke einzustufen. Die Geschichte läßt sich in zweieinhalb Sätzen leicht erzählen: ein mieser Emporkömmling macht gegenüber einem Bordell mit Unterstützung der Stadt ein Zelt auf, in dem er Aufklärungsvorträge über Geschlechtskrankheiten hält. Aus Rache für schlechte Behandlung will er das Bordell aushungern. Als aber sein eigenes Unternehmen früher pleite geht, weil jeder Einwohner seine Vorträge einmal gehört hat und vor Ekel nicht ein zweites Mal kommt, steckt er das mit der Aufklärung verdiente Geld in das Bordell und wird Mitinhaber.« *(Klaus U. Reinke, Düsseldorfer Nachrichten, 14. 6. 1969.)*

Der Fischzug
Entstehung: Herbst 1919.
Uraufführung: Städtische Bühnen Heidelberg, 11. Januar 1967. Regie: Alfons Lipp.
Erstdruck: Stücke. Band 13: Einakter. Frankfurt a. M. 1966, S. 125-158.
Literatur: Hillesheim, Jürgen: Die Einakter von 1919 (Die Hochzeit, Der Bettler oder Der tote Hund, Er treibt einen Teufel aus, Lux in tenebris, Der Fischzug). In: Knopf, Jan (Hg.): Brecht Handbuch. Band 1: Stücke. Stuttgart/Weimar 2001, S. 100-111. – Vinçon, Inge: Die Einakter Bertolt Brechts. Königstein/Ts. 1980.

»Im Unterschied zu der phonetischen Einsicht, die Fischers Fritz fri-
sche Fische fischen läßt, fischt Brechts Fischer nichts – statt dessen
säuft er nächtelang. Schwankend wird er von zwei Mitfischern nach
Hause gebracht, scheucht seine Frau aus dem Bett und in die Küche
zum Kaffeekochen. Während er mehr und mehr mit bleiernem Schlaf
kämpft, erweckt die nachtgewandete Frau den Appetit der beiden
Gäste. Der Mann, der das zwar bemerkt, aber weiß, daß er nicht mehr
in der Lage ist, Schlimmstes zu verhüten, spannt sein Netz über dem
Ehebett aus und legt sich aufs Sofa. Draußen kämpfen inzwischen die
beiden Rivalen einen Hahnenkampf um die Gunst der Frau. Der Sieger kehrt, nachdem die Frau das verabredete Licht ins Fenster gestellt
hat, zurück, und bald zappeln die beiden hilflos im Netz. Der Fischer
wacht triumphierend auf und ruft die Nachbarschaft zusammen.
Frau und Freund werden unter lautem Gejohle hinausgetragen, um
ins Wasser gekippt zu werden. Der Fischer trauert, bei neuem
Branntwein, seiner Frau nach, veranstaltet eine Art Leichenfeier.
Beim Morgengrauen kehrt die schöne Fischerin triefend und klein-
laut zurück und befördert die Schnapsleiche ihres Mannes ins Bett.«
(Hellmuth Karasek, Der Spiegel, 13. 1. 1967.)

Prärie. Oper nach Hamsun
Entstehung: Herbst 1919 (Datierung des Manuskripts durch Brecht:
»3/10/19«).
Uraufführung: Volkstheater Rostock, 21. November 1993. Regie:
Michael Baumgarten.
Erstdruck: Werke. Große kommentierte Berliner und Frankfurter
Ausgabe. Herausgegeben von Werner Hecht, Jan Knopf, Werner
Mittenzwei und Klaus-Detlef Müller. Band 1: Stücke 1. Bearbeitet
von Hermann Kähler. Frankfurt a. M./Berlin und Weimar 1989,
S. 329-341, 582 f.
Literatur: Jost, Roland: Prärie. In: Knopf, Jan (Hg.): Brecht Hand-
buch. Band 1: Stücke. Stuttgart/Weimar 2001, S. 111-113. – Seeliger,
Helfried W.: Das Amerikabild Bertolt Brechts. Bonn 1974.

»Der Brecht des Jahres 1919 [...] hält sich hier nicht lange mit drama-
turgischen Kniffen auf. Statt dessen gibt es viel jugendlichen Übermut und die aus den Gedichten bekannte Naturbeschwörung zu
bestaunen, da wird das Blau des Himmels, das Licht über den Wei-
zenfeldern und das Grün des Grases in lyrischer Aufgekratztheit ge-
priesen.« *(Wolfgang Höbel, Süddeutsche Zeitung, 23. 11. 1993.)*

Dansen
Entstehung: Frühjahr 1939.
Uraufführung: Unter dem Titel »Dansen I«, Kammerspiele Köln, 14.
Oktober 1967. Regie: Hans Gaugler.
Erstdruck: Stücke. Band 13: Einakter. Frankfurt a. M. 1966, S. 159-186, 217-219.
Literatur: Neureuter, Hans Peter: Dansen / Was kostet das Eisen?.
In: Knopf, Jan (Hg.): Brecht Handbuch. Band 1: Stücke. Stuttgart/
Weimar 2001, S. 379-383. – Vinçon, Inge: Die Einakter Bertolt
Brechts. Königstein/Ts. 1980.

Was kostet das Eisen?
Entstehung: Frühsommer 1939.
Uraufführung: Unter dem Titel »Vad kostar järnet?« (in dänisch-schwedischer Sprache), Tollare bei Stockholm, Mitglieder des
Reichsverbandes der schwedischen Amateurtheater, 14. August
1939. Regie: Ruth Berlau. – Deutsche Erstaufführung: Unter dem Titel »Dansen II«, Kammerspiele Köln, 14. Oktober 1967. Regie: Hans
Gaugler.
Erstdruck: Stücke. Band 13: Einakter. Frankfurt a. M. 1966, S. 187-214, 220-225.
Literatur: Neureuter, Hans Peter: Dansen / Was kostet das Eisen?.
In: Knopf, Jan (Hg.): Brecht Handbuch. Band 1: Stücke. Stuttgart/
Weimar 2001, S. 379-383. – Vinçon, Inge: Die Einakter Bertolt
Brechts. Königstein/Ts. 1980.

»Die politische Agitation wirkt im zweiten Stück schärfer. Brechts
karikierende Geißelung des treuherzig-dummen Geschehenlassens
und des sturen Geschäftemachens mit dem Bösen kommt hier drastischer ins Bild. Dansens Schwierigkeit, ›zugleich Schweine zu verkaufen und Moral zu haben‹, erscheint ungleich harmloser, als Svendsons
Schwierigkeit, angesichts seines waffenschaffenden Eisens mit diesem Problem fertig zu werden.« *(Friedrich Berger, Kölner Stadt-Anzeiger, 16. 10. 1967.)*

Übungsstücke für Schauspieler
Entstehung: 1940. 1950 (Der Wettkampf des Homer und Hesiod).
Uraufführung: Berliner Ensemble, 12. Oktober 1963 (im Rahmen
von »Der Messingkauf« als »Brecht-Abend Nr. 3«). Regie: Kurth
Veth, Hans-Georg Simmgen, Uta Birnbaum.

Erstdruck: Versuche. Heft 11 (Versuche 25/26/35). Berlin 1951, S. 107-128.

»Die kritische Diskussion über das Theater wurde zum Theater selbst. Pointen blieben nicht Pointen, sondern wurden dramatische Wirkungen, so daß durch Kritik Pathos, Boulevardgewitzel, Sentimentalität entlarvt und sofort durch klare, vernünftige Wirkungen ersetzt wurde. Man kann es gewiß für billig halten, gegen eine gefühlsüberladene Szene aus ›Maria Stuart‹ den ›Streit der Fischweiber‹ zu setzen, der ja selbstverständlich eine andere Spielweise verlangt. Aber verstanden wurde auch dieser Gegensatz richtig.« *(Herbert Jhering, Die andere Zeitung, Hamburg, 14. 11. 1963.)*

Bertolt Brecht
im Suhrkamp und im Insel Verlag
Eine Auswahl

Werkausgaben

Ausgewählte Werke in sechs Bänden. st 3732. Sechs Bände in Kassette. 4000 Seiten

Stücke

Der aufhaltsame Aufstieg des Arturo Ui. es 144. 134 Seiten

Aufstieg und Fall der Stadt Mahagonny. Oper. es 21. 96 Seiten

Baal. Drei Fassungen. Kritisch ediert und kommentiert von Dieter Schmidt. es 170. 213 Seiten

Baal. Der böse Baal der asoziale. Texte, Varianten, Materialien. es 248. 256 Seiten

Die Dreigroschenoper. Nach John Gays ›The Beggar's Opera‹. es 229. 109 Seiten. BS 1155. 106 Seiten

Frühe Stücke. Baal. Trommeln in der Nacht. Im Dickicht der Städte. st 201. 207 Seiten

Furcht und Elend des Dritten Reiches. es 392. 125 Seiten

Die Gewehre der Frau Carrar. Unter Benutzung einer Idee von J.M. Synge. es 219. 80 Seiten

NF 231/1/04.13

NF 231/3/04.13